EL NACIONALISMO ES UNA ENFERMEDAD SOCIAL

Eduard Honey

EL NACIONALISMO ES UNA ENFERMEDAD SOCIAL

CONTRA EL NACIONALISMO CATALÁN

Primera edición: marzo de 2022
ISBN: 978-84-19237-49-1
Copyright © 2021 Eduard Honey
Traducido por Juan Pedro Olmo Serrano
Editado por Editorial Letra Minúscula
www.letraminuscula.com
contacto@letraminuscula.com

El deseo de ganancia y de posesión, el anhelo de identificación con algo superior a nosotros, crea el espíritu de nacionalismo, y el nacionalismo engendra la guerra. En todos los países, el Gobierno, estimulado por la religión organizada, sostiene el nacionalismo y el espíritu separatista. **El nacionalismo es una enfermedad,** *y no podrá jamás realizar la unidad mundial. No podemos alcanzar la salud mediante una enfermedad, tenemos primero que liberarnos de la enfermedad.*

J. Krishnamurti

Índice

CONTRA LA IDEOLOGÍA NACIONALISTA . . .11

  El nacionalismo es falso. 13

  Razas y naciones 17

  Nacionalismo irracional 21

  Nacionalismo patológico. 23

  La educación nacional de Fichte 27

  Nacionalismo y nazismo en Fichte. 37

  El Dios de los nacionalistas 41

  Desmesuras de los nacionalismos. 43

  Nacionalismo y lengua 47

  Naciones y Estados .51

  Todo nacionalismo es malo 55

  Nacionalismo y cristianismo 59

  Falsedades del nacionalismo 65

  Nacionalismo es egoísmo. 69

  La humanidad es una. 71

CONTRA EL NACIONALISMO CATALÁN 75

  La falsedad del hecho diferencial nacionalista . .77

  El inexistente derecho a la autodeterminación .81

  Nación y lengua en Cataluña. 87

Independencia de Cataluña 91

Independentismo imposible 95

Nacionalismo catalán .99

El inventado expolio fiscal catalán. 103

La religión nacionalista 107

Democracia y secesión. 111

Cataluña no es una colonia 115

EL NACIONALISMO ES UNA
ENFERMEDAD SOCIAL 119

Libros recomendados. 141

CONTRA LA IDEOLOGÍA NACIONALISTA

El nacionalismo es falso

El nacionalismo no es una fuente de paz, sino de guerra. Es una ideología que fomenta la división y el enfrentamiento entre los seres humanos, que exagera las diferencias, que saca de nuestro interior los peores sentimientos, nuestro miedo a la diferencia, al otro, a todo lo que es distinto.

El concepto de nación en el que basan los nacionalistas su ideología es insostenible. Que muchas personas piensen que una comunidad determinada es una nación no significa que lo sea. El querer ser, o el afirmar que se es algo, no es suficiente para serlo. Se puede tener la voluntad de ser el hombre más rico del mundo, pero de quererlo a serlo hay un gran trecho.

Los presuntos rasgos objetivos que sirven para definir a una nación (la lengua, la religión, el folclore, las costumbres, etc.) únicamente tienen ese carácter definidor porque la ideología nacionalista se los otorga, ya que por sí mismos carecen de él.

Los nacionalistas lo que hacen es crear un ideal cosificado al que le otorgan una serie de cualidades arbitrarias que, según ellos, representan la esencia nacional.

Las personas se convierten en algo secundario frente a esa nación portadora de la esencia de la patria, de ese ente abstracto por el que vale la pena morir y matar.

El nacionalismo no deja de ser una forma de irracionalismo, una religión política basada en una nación que solo existe en la mente de los que creen en ella.

Sus defensores quieren hacernos creer que todo el mundo, en mayor o menor medida, es nacionalista. No se conciben a sí mismos como lo que son, es decir, como una doctrina política más entre un conjunto de doctrinas diferentes entre sí.

Afirman que la humanidad está dividida de forma natural en naciones, algo que choca con la modernidad del nacionalismo.

Defienden un concepto de secesión que nos conduciría al caos y a la inestabilidad, ya que una supuesta nación podría independizarse del Estado del que forma parte en cualquier momento, algo que acabaría, sin duda, generando violencia.

Razas y naciones

La división racial, que tantas muertes y dolor ha causado a lo largo de la historia, es una mentira. No existen negros, blancos, amarillos, indios o cualquier otra etiqueta que podamos imaginar. Lo que existen son seres humanos diferenciados por características fisiológicas realmente irrelevantes si consideramos en conjunto todo lo que nos une.

Dos personas que hablen el mismo idioma, vivan en el mismo país, profesen la misma religión (o el mismo ateísmo) tienen mucho más en común, aunque pertenezcan supuestamente a razas diferentes, que dos personas de la misma raza que hayan sido educadas en contextos sociales diferentes.

El concepto de "blanco" o de "negro" no son ideas científicas, son categorías culturales que describen prejuicios ideológicos que encubren, en la mayoría de las ocasiones, diferencias de poder.

El color de la piel, la anchura de la nariz o el tipo de pelo que tengamos no condicionan de ninguna manera nuestra inteligencia, nuestra capacidad para comprender el mundo, nuestro talento para el arte, la ciencia o el pensamiento.

El racismo es una doctrina que sostiene que existen seres humanos mejores que otros por el simple hecho de pertenecer a una raza determinada. Esa es la gran mentira que ha generado odio, guerras, esclavitud y sufrimiento infinito durante siglos.

Del mismo modo, las naciones en las que basan su proyecto político los nacionalistas únicamente existen en la mente de aquellos que creen en esa idea. Es un seudoconcepto creado por la propia ideología para justificar su existencia.

Los Estados, en cambio, sí son entidades perfectamente definidas desde un punto de vista administrativo y político.

Los nacionalistas, igual que los racistas, centran su atención en una serie de rasgos considerados diferenciales (la lengua, la religión, la historia, la cultura popular, las instituciones políticas, etc.) y los convierten en elementos definidores de la nación que dicen representar.

Olvidan lo común y solamente se centran en aquello que les diferencia de otros. Les dan una importancia exagerada a cosas que no la tienen. Caen en el mismo error que los creen en la existencia de razas y otorgan una relevancia excesiva al color de la piel o a la anchura de la nariz.

¿Qué nos ha llevado a establecer esta diferencia entre razas o naciones? El pensamiento lo que busca es clasificar la realidad, tiene una tendencia innata a la división. Entender el mundo es, entre otras muchas cosas, poner nombres a las cosas, elaborar mapas, diagramas o esquemas.

Partimos de un hecho: existe la especie humana. ¿Cómo entender toda esa totalidad de personas? La respuesta es muy sencilla: estableciendo divisiones entre ellos. Pero esto plantea otra pregunta: ¿en qué debemos basarnos para elaborarlas? Una opción es centrarse en aquello que salta más a la vista; en el color de la piel, en la lengua o en la religión.

Al clasificar creemos que estamos entendiendo el mundo, que lo estamos explicando. Sin embargo, en este caso, lo que estamos haciendo no es acercarnos a la verdad, nos estamos alejando de ella.

Lo que debemos hacer es comprender la esencial unidad del género humano. La verdad no se encuentra en este caso en dividir, sino en ser capaces abandonar conceptos como el de raza o el de nación que nos alejan de la idea principal que debería guiar nuestras acciones: toda la humanidad es una.

Nacionalismo irracional

El nacionalismo, a diferencia de lo que sucede con algunas religiones e ideologías, no tiene una pretensión de universalidad; aspira a ser hegemónico, pero solamente en su nación. Es parcial por definición.

Un nacionalista no busca que todos asuman su identidad nacional, sino que persigue que la totalidad de los que viven y forman parte de ella, de su territorio y población, abracen su visión del mundo.

Piensa que esta ideología es la que mejor garantiza la supervivencia y la fortaleza de la nación de la que siente formar parte. Por eso aspira a convertir su discurso en la doctrina oficial, arrinconando cualquier planteamiento o ideología que lo contradiga.

Si lo mejor para la nación es la supremacía del nacionalismo cualquiera que se oponga a esta doctrina la perjudica; el nacionalismo no pretende ser una de las múltiples formas de entender la sociedad, sino la única realmente legítima.

Esto es debido a que una ideología política, cuando se basa en postulados dogmáticos, acaba siendo una especie de religión inmune a cualquier reflexión racional. El Dios al que adoran los seguidores de esta doctrina es la nación. Una entidad convertida en un ser que trasciende a los individuos que la forman y que es la portadora única de la esencia de la comunidad de la que emana. Negar su existencia es negar algo considerado sagrado por sus adoradores, es atacar los fundamentos de su forma de ver el mundo.

Oponerse al nacionalismo es, para muchos nacionalistas, oponerse a la nación o al pueblo, ya que ambas cosas se identifican. Todos los que no comparten sus ideas están en contra de ella, son sus enemigos.

Es, por lo tanto, muy difícil discutir racionalmente sobre el nacionalismo. Pero a pesar de esto la razón debe siempre intentar abrirse paso. Es el único camino que tenemos para mejorar la sociedad, es aquello que nos hace humanos.

Nacionalismo patológico

Uno de los argumentos que se ha utilizado habitualmente para defender al nacionalismo es su dimensión liberadora frente al colonialismo o frente a cualquier otra agresión externa.

Gracias a su capacidad de movilización, a su compatibilidad con distintas opciones políticas, el nacionalismo es capaz de aglutinar un gran apoyo en situaciones adversas donde la identidad compartida por la mayoría de la población está amenazada.

No obstante, una vez que se ha superado la dominación colonial o la agresión extranjera, el nacionalismo acaba convirtiéndose, en algunas ocasiones, en una fuerza opresiva, incluso a veces peor que el poder colonial, ya que puede intentar obligar a todos los miembros de su nación a someterse a una identidad única.

Esto será especialmente doloroso para las minorías, porque podrán ser sometidas a una asimilación forzosa, a su completa marginación y arrinconamiento, o al exterminio físico.

Las versiones más patológicas de nacionalismo surgen cuando esta ideología se mezcla con el etnicismo, con el racismo o con un pensamiento religioso integrista.

Si identificamos a una nación con una etnia, con una raza o con una religión determinada, entonces pasamos a considerar como extraños a todos aquellos que, aunque vivan en esa sociedad desde hace muchas generaciones, no se adaptan a esa idea preconcebida de lo que debe ser la nación, tal como es entendida por los nacionalistas.

En estos casos la ciudadanía democrática es sustituida por el esencialismo nacional, creándose ciudadanos de primera y de segunda. Los primeros son aquellos que pertenecen a la etnia, raza o religión considerada por los nacionalistas como propia. Los otros son una amenaza porque desnaturalizan la nación, pervierten su esencia sagrada.

Cuando nos enfrentamos a estas versiones patológicas de nacionalismo, como en el caso de la antigua Yugoslavia, y son hegemónicas, únicamente hay tres opciones: emigración, exterminio o asimilación.

La tercera posibilidad es aquí poco probable. Un nacionalismo etnicista o racista no permite la conversión a una etnia o raza que no se posee por nacimiento. Un nacionalismo religioso puede, quizás, ser más abierto a una posible asimilación de personas pertenecientes a otros credos.

Si la virulencia nacionalista alcanza su grado máximo los que son considerados extraños dentro de la nación mítica del nacionalismo solo tienen dos opciones: huir o morir.

La educación nacional de Fichte

Los *Discursos a la nación alemana* (1808) es uno de los textos fundamentales para comprender el nacionalismo moderno. Muchas de las ideas nacionalistas defendidas hoy en día por multitud de movimientos de este tipo a lo largo y ancho del mundo tienen su origen en este autor.

Fichte cree en la existencia de naciones naturales. Y lo que establece las fronteras entre los distintos pueblos es, básicamente, la lengua, elemento central que permite crear una comunidad dotada de una identidad propia.

Este filósofo defiende, además, la subordinación del individuo al todo que representa el *Volkgeist*, el espíritu del pueblo donde el yo individual cobra sentido.

Otro aspecto que debemos tener en cuenta para comprender este proyecto educativo nacionalista son los dramáticos acontecimientos históricos vividos por Alemania en la época en la que se redacta este libro.

Nos encontramos con un país invadido por las tropas napoleónicas, postrado de rodillas frente al poderoso ejército francés y anímicamente hundido. La propuesta educativa de Fichte persigue, por tanto, una finalidad política: devolver la dignidad perdida a los alemanes y construir una nueva sociedad donde el patriotismo ocupe un lugar central dentro de su escala de valores.

Fichte cree que para que la nación alemana salga de su penosa situación es necesario desarrollar una verdadera educación nacional. Esta nueva educación (en adelante NE) buscará crear una voluntad firme, inculcar el amor a lo bueno en sí y no únicamente por la utilidad que nos pueda reportar.

La NE desarrollará la capacidad intelectual de los jóvenes para que puedan reflexionar por sí mismos y conocer las leyes por las que se rigen las cosas. No perseguirá una formación histórica, sino desarrollar una capacidad superior y filosófica.

Se debe estimular también el placer que sienten los estudiantes al aprender. Este filósofo piensa que la vieja educación se basaba en una concepción pasiva memorística donde el conocimiento se presentaba al servicio del interés material. En cambio, el desarrollo de la actividad espiritual que él propone, prepara y favorece la formación ética.

Otro aspecto de esta NE, bastante chocante para una mentalidad contemporánea, es que propone que los niños vivan en sociedad, pero separados de los adultos, en una comunidad aparte dotada de su propia ley penal y Constitución. Esto persigue protegerlos de la corrupción de los adultos.

La primera parte de la NE defendida por Fichte consiste en iniciar a los niños en la clarificación de sus sensaciones e intuiciones, acompañando este proceso de una formación física del cuerpo. La segunda se centrará en la educación cívica y religiosa.

Una vez superadas estas dos etapas el alumno puede abandonar la escuela. Antes el mundo de los sentidos era lo primero que se conocía, pero Fichte quiere invertir este orden y mostrar que el mundo realmente existente es el que se percibe con el acto de pensar.

Esta educación espiritual será, según este autor, la que permitirá a los alemanes comprender que la patria es la portadora de la eternidad en la vida terrenal, lo que fortalecerá el amor a la nación alemana, objetivo principal de estos discursos.

Para conseguir sus propósitos educativos Fichte afirma que se deben seguir los principios educativos de Pestalozzi, en cuya obra cree ver los rasgos fundamentales del espíritu alemán.

Sus teorías sirven para desarrollar una educación nacional en vez de una educación popular, una educación que elimine las diferencias entre el pueblo y las clases cultas.

A diferencia de lo que piensa este pedagogo, Fichte sostiene que el objetivo básico de la educación primaria no es saber leer y escribir, sino una educación nacional. Únicamente después de ésta debe iniciarse el aprendizaje de la lectura y la escritura.

Otro aspecto central de la NE, que antes he señalado, es que los hijos deben separarse de los padres. Esto es especialmente importante en las clases trabajadoras, para evitar que un ambiente mezquino, y la angustia por conseguir el sustento diario, entorpezcan su educación.

Solamente después de una generación entera se podrá confiar una parte de la educación nacional al hogar.

El autor de estos discursos también discrepa de Pestalozzi cuando éste afirma que lo primero que debe conocer el niño es su propio cuerpo. El fundamento de la enseñanza debe ser un ABC de las sensaciones, para que a través de ellas perciba su propio yo, lo que le proporciona una visión espiritual de la vida.

En cambio, Fichte sí coincide con el suizo en señalar que la habilidad corporal debe desarrollarse a la vez que la espiritual: es necesaria también una educación del cuerpo.

En la Europa moderna la educación dependía de la Iglesia, que pretendía conseguir principalmente la salvación del alma. La Reforma unió el poder de la Iglesia con el poder terrenal, pero la educación pública siguió buscando solamente evitar la condenación eterna.

Las clases pudientes, en cambio, tenían una educación privada. La formación erudita se pensaba exclusivamente para clérigos. Y los gobernantes decían que el Estado no tenía dinero para estos fines, lo que provocó, según

Fichte, que la educación del pueblo estuviera desatendida.

Con esta NE no se necesitaría ningún ejército especial porque cada individuo sería un gran soldado. La economía alcanzaría una prosperidad nunca vista. Se reduciría el gasto policial y judicial, y se eliminaría la pobreza.

Si el invasor, es decir, el ejército francés dirigido por Napoleón, elabora la Constitución y las leyes la única posibilidad de salvación que le queda a la nación es educar a sus descendientes: esta es la solución a los males que oprimen a Alemania. Según Fichte, ya que el presente no les pertenece, deben centrarse en la esperanza de un futuro mejor.

Este filósofo es consciente de que para generalizar esta NE es necesario el Estado. Sabe también que los padres se resistirán a separarse de sus hijos tanto tiempo. Pero incluso así considera que el Estado tiene derecho a obligar a los menores a su salvación: si se obliga a ir a la guerra se puede obligar a educar a los niños.

Además, esta obligación únicamente duraría una generación y haría innecesario el servicio militar obligatorio, porque todos estarían dispuestos a luchar por su patria. Fichte cree que se opondrán a esta medida solo un pequeño grupo de padres.

Esta NE debe implantarse en todos los Estados alemanes e impartirse en alemán. Debemos tener muy presente la importancia de la lengua en el pensamiento nacionalista de Fichte.

Una de las tesis más polémicas defendidas en los *Discursos a la nación alemana* es la existencia de lenguas vivas y lenguas muertas. Entre las primeras estarían el griego clásico y el alemán. Las segundas serían las lenguas románicas y los demás idiomas germánicos.

Esta presunta superioridad lingüística, justificada por el hecho de que el alemán ha sufrido una evolución interna propia sin la perniciosa influencia extranjera, es un elemento central en el discurso fichteano dirigido a justificar la superioridad alemana sobre los pueblos latinos y sobre las demás naciones germánicas corrompidas por su contacto con el extranjero, el único culpable de todos los males de Alemania.

Si se implantase este plan educativo, según Fichte, en veinticinco años habría una especie nueva de ser humano. Pero si el Estado no se decide a impulsar esta NE entonces deben hacerlo personas particulares: en el campo los grandes terratenientes (que pueden educar a los hijos de sus servidores) y en las ciudades asociaciones voluntarias de ciudadanos.

Los eruditos también pueden ayudar dedicando una parte de su tiempo a enseñar siguiendo los principios de esta educación, lo que les proporcionaría un gran conocimiento del ser humano. Aunque este filósofo es consciente de que sin la ayuda del Estado esta reforma educativa avanzará muy lentamente.

A Fichte no le importa realmente la educación de los niños alemanes, lo único que le interesa es Alemania entendida como una entidad metafísica dotada de una sustancia superior a la de los individuos particulares.

No es importante que los alumnos aprendan lengua, matemáticas o historia. Lo relevante es que comprendan que la patria es la portadora de la eternidad en la vida terrenal. La persona es para este autor un objeto secundario. El verdadero sujeto es la nación, el todo donde cada una de sus partes solo tiene sentido dentro del colectivo.

La educación debe buscar el pleno y armónico desarrollo de las potencialidades de cada persona persiguiendo el bienestar del individuo y de la sociedad en su conjunto.

El adoctrinamiento, en cambio, persigue que el individuo siga de manera ciega unas determinadas ideas que no pueden ser cuestionadas, sino únicamente asumidas.

Debemos, por lo tanto, rechazar totalmente este proyecto educativo. El pensador alemán no pretende crear personas capaces de tener una actitud crítica con el mundo que les rodea, sino fanáticos al servicio de aquellos que se consideran portavoces de la nación alemana. Desgraciadamente muchos otros nacionalismos han seguido el camino marcado por Fichte.

Nacionalismo y nazismo en Fichte

El nacionalismo de Fichte no es racista. Nada tiene que ver con el sueño nazi de una búsqueda de una raza aria "pura". Este autor es plenamente consciente de la mezcla de los germanos con otros pueblos: «De igual manera debe evitarse atribuir demasiada importancia al hecho de que el linaje germánico se haya mezclado con los habitantes primeros de los pueblos conquistados, pues los vencedores, soberanos y educadores del nuevo pueblo resultante de la mezcla, no eran sino germanos. Además, la mezcla que se produjo en el extranjero con galos, cántabros, etcétera, no fue menor que la que se produjo en la madre patria con eslavos, de forma que hoy no resultaría fácil para ninguno de los pueblos descendientes de los germanos presentar ante los demás una mayor pureza de linaje» (*Discursos a la nación alemana*, Tecnos, págs. 65-66).

Otra de las características del nacionalismo defendido por Fichte que lo diferencia del nazismo es su autarquía. Es decir, es contrario al expansionismo imperialista hitleriano. Fichte considera que los alemanes tienen en su nación todo lo que necesitan y defiende un modelo de autosuficencia económica. Este filósofo desarrolla esta idea en su obra *El Estado comercial cerrado* (1800).

El nacionalismo fichteano no es voluntarista, sino orgánico. Es decir, alguien no puede decidir ser de una "nación" determinada, sino que esa es una cualidad que se adquiere por nacimiento: «En la concepción "voluntarista" de la nación, los individuos disponen de cierta flexibilidad; aun cuando han de pertenecer a una nación en un "mundo de naciones" y estados nacionales, en principio pueden elegir a qué nación desean pertenecer. En la concepción "orgánica", esa elección es imposible. Los individuos nacen en una nación y aunque emigren seguirán formando parte de la nación en que nacieron» (Anthony D. Smith, *Nacionalismo*, Alianza, 2004, pág. 57).

No estamos ante un nacionalismo abierto, que acepta que alguien pueda formar parte de una "nación" si así lo decide. Normalmente en los nacionalismos abiertos únicamente basta con aprender una lengua (si es lingüístico) o convertirse a una religión (si es un nacionalismo religioso) y abrazar esa ideología para ser aceptado dentro del grupo. Pero eso no es así para Fichte. En ese sentido su nacionalismo tiene un carácter etnicista cerrado.

Hay otro elemento fundamental que conecta a Fichte con el nazismo. Me refiero al irracionalismo. Esa es una cualidad inherente a la mayoría de los nacionalismos y, sin duda, es característico del nacionalismo alemán desde sus orígenes hasta el fin del régimen de Hitler.

Esto es señalado, entre otros, por Liah Greenfeld cuando afirma lo siguiente: «Como parecía que Alemania era una nación entre otras muchas, habría sido legítimo inferir que también era una individualidad y una iglesia invisible entre muchas. Pero ésta no fue la conclusión a la que llegaron los patriotas alemanes. [...] La razón, inicialmente concebida como una parte de la naturaleza y un medio por el que Dios se manifestaba al hombre, se rechazó por considerarse antinatural, mientras que la emoción irracional se convertía en la única ubicación de la revelación divina [...]. Por tanto, cuando estos lógicos de formación pietista y romántica se hicieron nacionalistas, se vieron inmediatamente abocados a abandonar la posición intrínsecamente irritante del relativismo cultural, que presentaba a Alemania como una de tantas naciones, para abrazar la idea más satisfactoria de que solo ella era una nación o, lo que es lo mismo, que, en el mundo, era la única nación verdadera, ideal y perfecta» (*Nacionalismo. Cinco vías hacia la modernidad*, CEPC, 2005, págs. 498-499).

El triunfo del irracionalismo es lo que provocará el nacimiento del nazismo. No es casualidad que Hitler y sus seguidores fomentaran y cultivaran con fervor todo tipo de seudociencias y formas de pensamiento mágico, como el llamado ocultismo.

El nazismo se basaba en el totalitarismo, el antisemitismo, el racismo, el nacionalismo más virulento, el militarismo expansionista y en, definitiva, el desprecio de la vida humana, especialmente la de aquellos considerados "inferiores".

Ninguna de las ideas en las que basó ese régimen resiste un análisis racional serio. Pero eso no les importa a sus seguidores, que cayeron seducidos por el triunfo de nuestras pulsiones más oscuras y primarias sobre el pensamiento racional y científico. Cuando la razón fracasa la barbarie triunfa.

El Dios de los nacionalistas

La nación no es para el nacionalista el conjunto de personas que la integran, sino que es una realidad que trasciende la individualidad de sus miembros. Ésta tiene una sustancia autónoma al margen de los sujetos que forman parte de ella, una existencia que hunde sus raíces en un pasado mitificado y que pretende extenderse en el futuro indefinidamente.

El nacionalismo es también una forma de enfrentarse a la trascendencia, al miedo a la muerte, a la soledad que nos atenaza, a la búsqueda de un sentido en la existencia humana. Nos permite comprender nuestro lugar en el mundo.

La nación es el Dios de los nacionalistas. La comunidad trasciende al sujeto y mientras ésta exista todos aquellos que han formado parte de ella, de algún modo, continuarán existiendo. Por eso la nación es un legado valioso que debe ser trasmitido a las nuevas generaciones.

Asumiendo esta ideología el mundo se convierte en un lugar perfectamente ordenado, dividido en comunidades naturales dedicadas al cultivo excluyente de su identidad sacralizada.

El pensar que la nación trasciende a cada uno de sus miembros es una idea muy peligrosa. Cuando el ser humano deja de ocupar el centro de cualquier ideología, cuando las ideas no están al servicio de las personas y las personas pasan a estar al servicio de las ideas, entonces es cuando surge la posibilidad del totalitarismo.

Si una idea, sea ésta la que sea, se convierte en tan importante que llega a ocupar el centro de nuestro pensamiento desplazando cualquier otra consideración, entonces hemos iniciado un camino de imprevisibles consecuencias. El ser humano se convierte en el instrumento de algo que él mismo ha creado. Ha encontrado un sentido a su vida deshumanizándose.

Desmesuras de los nacionalismos

Carlos Pereda publicó en la revista *Diánoia* de México (n.º 48, 2002, págs. 119-136) un artículo titulado «Tres desmesuras de los nacionalismos». Allí sostiene que hay formas de filiación (maneras de sentirnos unidos a otras personas, lugares o costumbres) que nos enriquecen.

En cambio, cuando el nacionalismo «domina como filiación primera que debe condicionar sin medida alguna, en cualquier circunstancia, al resto de mis otras filiaciones» (pág. 122) es cuando caemos en la desmesura primera señalada en este texto. Cuando esto sucede podemos poner a la nación por encima de nuestra propia vida porque el sujeto individual carece de importancia.

Coincido totalmente con la objeción en forma de pregunta que Pereda hace a los intentos nacionalistas de definir la nación a través de la idea de etnia: «¿Acaso no se trata de aclarar un concepto confuso mediante otro más confuso y, los que es todavía peor, con mayor capacidad de producir confusión?» (pág. 125).

Al sustituir un concepto problemático por otro no avanzamos en la comprensión de esta idea. Además, las mitologías de los nacionalismos étnicos «no son menos imaginarias que las vergonzantes mitologías de los nacionalismos estatales» (pág. 128).

Este razonamiento nos conduce a la segunda desmesura señalada en el artículo: los nacionalistas, al absolutizar la nación, se ven obligados a «producir justificaciones desmesuradas echando mano de mitologías» (pág. 129).

Una de esas justificaciones es creer que la nación refleja divisiones naturales de la humanidad. Por eso los historiadores nacionalistas intentan mostrar un origen nacional que se hunde en un pasado mitificado que poco o nada tiene que ver con la realidad.

Otro aspecto donde considero que este autor acierta plenamente es en señalar la naturaleza selectiva de la presunta defensa nacionalista de la pluralidad (esa es la tercera desmesura).

Se defiende la pluralidad entre naciones, pero se persigue la homogeneidad interna, eliminando aquellos elementos (culturales, lingüísticos, religiosos, etc.) que no se consideran constitutivos de la nación por parte de los nacionalistas, que piensan que siempre es bueno más de lo mismo (pág. 131).

Estas tres desmesuras de los nacionalismos señalan, a mi juicio, algunos de los aspectos más preocupantes de esta ideología.

En primer lugar, el considerar a la nación como un ente supremo por el que vale la pena matar y morir. Esa es la raíz principal de todos los males del nacionalismo. La creación de mitologías históricas y de otro tipo no deja de ser una forma de justificar ese Dios llamado nación en el que muchos nacionalistas creen.

La búsqueda de una pureza nacional puede acabar generando odio y desprecio hacia todas las personas que se consideran extrañas a la nación, aunque sean ciudadanos de pleno derecho del mismo Estado.

Nacionalismo y lengua

De los muchos y variados usos que podemos atribuir a la lengua voy a distinguir tres funciones básicas.

En primer lugar, podemos hablar de un uso comunicativo. La lengua se concibe como un instrumento para el intercambio de información.

El segundo uso que señalaría es el identitario.

El tercero es el artístico, donde lo fundamental no es normalmente la transmisión de una información objetiva, sino que se suele situar en el terreno de la subjetividad, de la emotividad, del placer estético.

En el uso comunicativo lo importante no es el continente, la lengua, sino el contenido, lo que se pretende transmitir. El lenguaje es solo una herramienta, lo fundamental es el mensaje, no el instrumento vehicular de la información. Este uso se percibe claramente, por ejemplo, en textos científicos o periodísticos.

La dimensión identitaria consiste en entender la lengua como un marcador grupal, como el indicador clave de que un sujeto pertenece a una comunidad determinada. Lo importante no es tanto lo que se dice, sino la lengua utilizada, porque ésta es una parte básica de nuestra identidad y de la del grupo al que pertenecemos. Al revés de lo que pasa con el uso comunicativo lo relevante no es el contenido, sino el continente.

En el uso artístico el contenido y el continente están estrechamente relacionados, el uno no se entiende sin el otro.

Esto se percibe perfectamente en el caso de la poesía, como lo demuestra la extraordinaria dificultad de su traducción a otras lenguas. Incluso me atrevería a sostener que en general la poesía no se puede traducir, ya que ésta está pensada en la lengua en que ha sido escrita y la rima y los aspectos fonéticos cambian completamente al cambiar de lengua, dando lugar a un poema completamente diferente al original cuando se traduce.

Muchos nacionalistas se comportan, lo reconozcan o no, como si lo fundamental fuera la dimensión identitaria de la lengua, relegando a un papel secundario sus otras funciones. Su error consiste en atribuir a este uso identitario de la lengua una posición central que no le corresponde.

De todos los marcadores grupales que utiliza el nacionalismo para fundamentar su concepto de nación éste es uno de los más importantes.

En colectivos donde no existen diferencias fisiológicas (raciales), o éstas son irrelevantes, que puedan diferenciarlos de otras sociedades humanas, la lengua se transforma en el rasgo más característico de sus miembros. Elementos que forman parte de la conciencia, como la religión, no son tan fácilmente identificables.

El idioma se convierte entonces en el rasgo central que revela la pertenencia a un grupo.

Me parece evidente que el uso comunicativo es el principal y los otros dos son complementarios. No creo que la lengua sea únicamente un instrumento de comunicación. Tampoco pienso que lo primordial sea su carácter identitario o artístico.

Decir que la única utilidad de la lengua es la comunicación es lo mismo que afirmar que la única función de la alimentación es la nutrición. Si defendemos esto estaríamos olvidando la dimensión cultural, e incluso artística, de la gastronomía.

Los que piden que únicamente exista un idioma en todo el mundo se equivocan porque olvidan las otras funciones de la lengua, además de la comunicativa. Los nacionalistas, al convertir la dimensión identitaria en la más importante, caen en el error de considerar central algo que es secundario.

Naciones y Estados

El nacionalismo cree que hay dos formas de estar en el mundo.

Por un lado, una existencia auténtica en el seno de una nación, enraizada, que nos da una serie de referentes culturales y sentimentales, que nos otorga un papel claro en la historia y en el mundo.

Por otro lado, están los que no viven de manera plena su pertenencia a un grupo, los que no se sienten partícipes de ninguna identidad colectiva similar o equiparable a la nacional, los que no tienen raíces o no son conscientes de ellas. Éstos únicamente pueden vivir una vida falsa, antinatural, carente de sentido: están condenados a un vacío espiritual.

Por eso afirmo que el nacionalismo es más una religión política que una ideología, opinión que es compartida por Anthony D. Smith: «El nacionalismo es mucho más afín a una "religión política" que a una ideología política. [...] Es muy evidente la importancia dada por el nacionalismo a las ceremonias conmemorativas de los grandes líderes o a los muertos en combate, los "gloriosos caídos" que sacrificaron sus vidas en aras de la patria. En esos momentos, podemos entender la nación como una "comunidad sagrada de ciudadanos", caracterización que concuerda con la interpretación del nacionalismo como "sustituto de la religión"» (*Nacionalismo*, Alianza, Madrid, 2004, p. 52).

Siguiendo este razonamiento, los nacionalistas postulan la existencia de una realidad natural, compuesta por "naciones", y otra realidad artificial que estaría representada por los Estados.

Y la realidad auténtica no sería la representada por los diferentes Estados, sino la de las naciones. Los Estados únicamente tendrían una auténtica legitimidad si representaran a una nación, y toda nación debe tener su Estado o, al menos todo, todo Estado debe reconocer su realidad plurinacional.

Esta interpretación de la realidad me parece inaceptable, ya que sustituye la legitimidad democrática por la mística de las naciones.

Tal como afirma Josep M. Colomer: «En Cataluña (como en el País Vasco), el uso de la expresión "Estado español" en vez de "España", por ejemplo, pone de manifiesto esa insana actitud psicológica de eliminación mental de una realidad que resulta incómoda y de tratamiento de un conflicto que es "resuelto" por la vía de negar sus componentes. Lo absurdo de esta terminología salta a la vista a cualquier observador que no esté habituado. La contraposición entre "nación catalana" y "Estado español" olvida que la Generalitat de Cataluña es también Estado, un conjunto de instituciones del Estado español que vertebra y organiza de manera real, no ilusoria, la "nación" catalana; que es su principal estructura» (*Contra los nacionalismos*, Anagrama, Barcelona, 1984, pp. 94-95).

Lo que quieren algunos es eliminar la cosa eliminando su nombre: «En definitiva, hablar de España o de Estado español significa algo más que un problema de palabras. En toda esta encrucijada terminológica, se esconde un enigma de conciencia y de identidades más profundo. [...] Nacionalistas radicales/independentistas suelen evaporar la expresión "España" propagando la de "Estado" con fines de programación ideológica; negando el "nombre" creen así conjurar la realidad» (Francesc Mercadé y otros, *Once tesis sobre la cuestión nacional en España*, Anthropos, Barcelona, 1983, pp. 43-44).

Es fácil saber el número de Estados que existen en el mundo. Las situación de indeterminación que se producen a este respecto (por ejemplo, en el caso de Kosovo, que es reconocido por algunos países y por otros no) son poco habituales.

Sin embargo, es imposible saber cuántas naciones hay. Esta indeterminación del concepto de "nación" lo que demuestra es su pobreza conceptual. No deja de ser una ensoñación metafísica que nos conduce a ninguna parte.

Todo nacionalismo es malo

Algunos hablan de un nacionalismo bueno y uno malo. El primero sería aquel que defiende sus ideas democráticamente. El segundo lucharía por la consecución de sus objetivos utilizando métodos violentos.

No obstante, hay que diferenciar entre los procedimientos que se utilizan para defender una ideología y la ideología misma. Una cosa es la verdad o falsedad de los preceptos en los que se basa una doctrina y otra los métodos que se utilizan para extenderla.

Evidentemente existe una interrelación entre las ideas y la forma de defenderlas. Resultaría paradójico que se quisiera difundir el pacifismo utilizando la violencia, pero también es verdad que ideas que en principio son nobles pueden defenderse utilizando métodos ilegítimos.

Y no es menos cierto que ideas que contradicen los valores en los que fundamentamos la democracia pueden ser defendidas respetando escrupulosamente los procedimientos democráticos.

Es habitual en los estudios que analizan esta cuestión distingan entre un nacionalismo cultural (bueno) y otro nacionalismo político (malo). El primero sería positivo porque ayudaría a la conservación de la pluralidad cultural. El otro, en cambio, provocaría enfrentamientos y tensión en la sociedad.

Esta dicotomía me parece falsa. Todo nacionalismo es, necesariamente, político, posea (o no) un Estado. Es, además, mentira que esta ideología ayude a la pluralidad cultural, ya que sus seguidores lo que persiguen es la homogeneidad interna.

Por eso los nacionalistas se oponen a todo aquello que creen que no pertenece a la esencia de su mítica nación y luchan contra toda lengua o cultura que no consideran propia cuando la homogeneidad que tanto ansían está en peligro.

Esto es algo que también afirma Luis Rodríguez Abascal: «El nacionalismo culturalista no defiende la diversidad cultural, sino que propone un modelo normativo de cultura que homogeneiza prácticas culturales preexistentes. Tiene dificultades para hacer otra cosa porque su punto de partida es siempre un concepto abstracto de cultura, que la concibe como una unidad uniforme u homogénea y la extiende idealmente a lo largo y ancho de un territorio sin atender a cuáles son las prácticas culturales cotidianas subyacentes o sin concederles relevancia moral y política» (*Las fronteras del nacionalismo*, CEPC, Madrid, 2000, p. 382).

Lluís Flaquer nos previene contra los peligros de una nación entendida a la manera nacionalista en el caso de Cataluña: «Dos son los peligros que presenta una concepción esencialista de la nación y de la identidad catalana, que se empeña en aprehenderlas como entidades ahistóricas, situadas fuera del espacio y del tiempo, como fenómenos acabados de una vez por todas desde el inicio de nuestra historia como pueblo. El primero es su mistificación y el segundo su reificación. La primera, propia de la equiparación de los fenómenos sociales a nociones de tipo místico o religioso, tiende a comprender la identidad como un ideal inmutable en su esencia, la comunión con el cual estaría reservada a unos pocos iniciados o escogidos, guardianes eternos del fuego sagrado. La reificación, por otra parte, presenta otros problemas. Significa aprehender los fenómenos humanos como si fueran cosas, es decir, considerar como productos naturales no sometidos a la acción del hombre todo aquello que él ha contribuido a crear» (*El català, ¿llengua pública o privada?*, Empúries, Barcelona, 1996, pp. 23-24).

Considero, por tanto, que es un error hacer esta distinción entre nacionalismos buenos (culturales) y malos (políticos). Todos ellos son negativos porque se fundamental en planteamientos erróneos.

Aunque, como es obvio, es infinitamente mejor defender nuestras ideas, sean éstas las que sean, utilizando métodos democráticos, en vez de usar la violencia para intentar imponernos a otros.

Nacionalismo y cristianismo

En principio el cristianismo y el nacionalismo tendrían que ser dos cosas distintas, sin nada que ver la una con la otra. La verdadera nación del cristiano debería ser Dios, Jesús o la vida después de la muerte.

Este texto de San Pablo puede ser un buen ejemplo de ello: «Hay muchos, en efecto, que <también> caminan, de los que os hablé muchas veces, y ahora con llanto os hablo: los enemigos de la cruz de Cristo, cuyo fin es la perdición, cuyo dios es el vientre y cuya gloria está en su propia vergüenza, y son los que sienten las cosas de la tierra. Nosotros, en cambio, tenemos nuestra ciudad en los cielos, de donde esperamos a nuestro Salvador, el Señor Jesucristo, el cual transfigurará el cuerpo de nuestra mezquindad para hacerlo conforme con el cuerpo de su gloria según la eficacia de su poder para subordinarlo todo a sí mismo» (*Epístola a los Filipenses*, 3, 18-21; el subrayado es mío).

La ciudad, la "nación" verdadera de los cristianos, está "en los cielos", no en la tierra. Para un cristiano todos somos hermanos, hijos del mismo Dios, y las diferencias que pudiera haber entre nosotros, identitarias o culturales, carecerían de importancia porque el mensaje cristiano aspira a ser universal.

En este mismo sentido se pronuncia Enrique González Fernández, cuando afirma que «son absolutamente incompatibles. No se puede ser a la vez cristiano y nacionalista. Ni nacionalista de una nación ni nacionalista de una parte de ella» («Nacionalismo y Cristianismo»).

Sin embargo, la realidad nos muestra algo muy distinto: la estrecha unión que existe entre el nacionalismo y el cristianismo.

La "nación" de los nacionalistas se ha convertido en un objeto sagrado que es venerado y esta ideología es una especie de religión política moderna.

Esto es destacado, entre otros, por Josep R. Llobera, que afirma que «la nación, como una comunidad culturalmente definida, es el valor simbólico más elevado de la modernidad; posee un carácter cuasi sagrado igualado solo por la religión. De hecho, este carácter cuasi sagrado procede de la religión. En la práctica, la nación se ha convertido en el sustituto moderno secular de la religión o en su más poderoso aliado. En los tiempos modernos, los sentimientos comunales generados por la nación son altamente considerados y buscados como base de la lealtad de grupo» (*El dios de la modernidad*, Anagrama, 1996, p. 10).

La "nación" nacionalista se convierte en un sustituto o en un complemento de la religión porque nos permite vencer a la muerte. El cristiano nacionalista tiene como una doble vía de acceso a la inmortalidad, una espiritual y otra terrenal. Su alma vivirá para siempre en la otra vida y su identidad en la tierra existirá mientras exista la "nación" a la que pertenece.

Eso ha sido señalado por muchos autores. Por ejemplo, Anthony D. Smith, que afirma lo siguiente: «Más importantes son incluso las creencias parejas en el destino nacional y la prosperidad étnica [...]. Estas creencias complementan y en algunos casos sustituyen a la tradicional fe religiosa en una vida después de la muerte, que transfieren a un plano terrenal, con la promesa de inmortalidad colectiva que será transmitida a las generaciones venideras de la nación» (*Nacionalismo*, p. 53).

En la misma dirección se ha expresado Yael Tamir: «No es posible exagerar la importancia de dotar al Estado de una tarea nacional que cree un vínculo entre la generación actual, sus antepasados y las generaciones futuras: contribuye a que los individuos conquisten el miedo a la muerte, al prometerles una oportunidad de penetrar en la esfera de lo eterno» (*La moral del nacionalismo*, II, p. 69).

Los políticos nacionalistas adquieren un sentido mesiánico parecido al de los líderes religiosos. Son los conductores del destino de su "nación", los portavoces privilegiados de su pueblo y los que marcan el camino a seguir en la historia: «Luego está el fervor casi mesiánico a sus fundadores y líderes. En los nuevos estados de África y Asia, los hombres que guiaron a sus pueblos hacia la independencia —como Nehru y Sukarno, Nkrumah y Kenyatta— adquirieron con el tiempo un estatus casi sagrado, como profetas y salvadores de sus pueblos, a los que hicieron entrar en una nueva era de justicia, amor y libertad» (A. D. Smith, *Nacionalismo*, p. 53).

Todo esto nos muestra que existe una gran conexión entre el nacionalismo y el cristianismo. Estamos ante dos fenómenos similares. Los nacionalistas y los cristianos se dedican a adorar a una entidad metafísica: en el primer caso es la "nación" y en el segundo "Dios".

Ambos buscan vencer a la muerte formando parte de una idea que trasciende nuestra propia individualidad. Ser nacionalista de una "nación" es algo parecido a profesar una religión. Muchos están dispuestos a sacrificar su vida por su Dios y por una "nación" porque equivocadamente creen que esas ideas son más importantes que los individuos que las han creado.

Falsedades del nacionalismo

La nación suele definirse como una combinación de elementos objetivos y subjetivos.

Un ejemplo de esto nos lo da Albert Malaret i Sureda, que sostiene que los factores objetivos son el territorio, la historia, la lengua, el derecho, la cultura, el carácter nacional, la economía y la religión. Los subjetivos serían el amor a la tierra, la conciencia de grupo, la voluntad de autorregulación y la necesidad de un proyecto común.

Respecto a ese supuesto "amor a la tierra" este autor dice lo siguiente: "El territorio donde se asienta el grupo nacional lo simboliza y lo encarna. Se quiere y se venera porque es la tierra que pisamos cada día y el hogar, a menudo, de nuestros antepasados, el espacio donde hemos crecido y donde se desgrana la acción vital de la persona. Es para muchos un gran alimento espiritual de entrañables recuerdos. Para los que se instalan con voluntad de permanencia es la tierra de su presente y donde tienen futuro, donde ven crecer su descendencia y el lugar donde establecerán más vínculos de afecto" (*Supervivència nacional i dret a l'autodeterminació*, Columna, 1998, pág. 90).

En primer lugar, podemos destacar la dimensión territorial del nacionalismo, donde el espacio físico posee una connotación espiritual. No perdamos de vista la dimensión religiosa de esta ideología política cuando se dice que el territorio "simboliza" y "encarna" al grupo "nacional". O cuando Albert Malaret afirma que la tierra es un "gran alimento espiritual". Ese territorio de la "nación" se "quiere" y se "venera".

La naturaleza religiosa del nacionalismo se hace evidente con los verbos y expresiones que emplea este autor. Muchos nacionalistas se niegan a aceptar esa dimensión religiosa del nacionalismo. Son incapaces de asumir aquello que son.

Esto no solo pasa con el tema de la religión, sino con la interpretación de la propia antigüedad del nacionalismo. Los nacionalistas creen que su nación hunde sus raíces en un pasado remoto mucho más antiguo de lo que muestra la historiografía. Piensan que su ideología existe desde siempre, que todo el mundo es nacionalista.

Ven nacionalistas en el Imperio romano, en el antiguo Egipto, durante la Edad Media y en todo tiempo y lugar. Nada más lejos de la realidad. Esta doctrina política es muy moderna, aunque sus seguidores no lo sepan o lo ignoren.

Esto es señalado y refutado por Elie Kedourie cuando afirma que "el nacionalismo es una doctrina inventada en Europa al comienzo del siglo XIX. Pretende suministrar un criterio para determinar la unidad de población adecuada para disponer de un gobierno exclusivamente propio, para el ejercicio legítimo del poder en el Estado y para la organización justa de la Sociedad Internacional. Dicho en pocas palabras la doctrina sostiene que la humanidad se encuentra dividida naturalmente en naciones, que las naciones se distinguen por ciertas características que pueden ser determinadas y que el único tipo de gobierno legítimo es el autogobierno nacional" (*Nacionalismo*, CEPC, 1985, pág. 1).

Otra de las falsedades del nacionalismo es que la humanidad está dividida de manera "natural" en naciones. Según ellos ese es el estadio definitivo de nuestra especie, la forma como debemos organizar nuestra convivencia colectiva.

Esta falsa idea de la división natural de la humanidad en "naciones" es criticada por Ernest Gellner, que se opone a este planteamiento: "La visión de las naciones como una forma natural, dada por Dios, de clasificar a los hombres, como un destino político inherente, aunque largamente aplazado, es un mito [...]. Debemos rechazar ese mito. Las naciones no son algo natural, no constituyen una versión política de la teoría de las clases naturales; y los estados nacionales no han sido tampoco el evidente destino final de los grupos étnicos y culturales" (*Naciones y nacionalismo*, Alianza, 2003, pág. 70).

Coincido plenamente con este autor. Hay una gran distancia entre lo que el nacionalismo es y lo que sus partidarios creen que es. Esa es una de sus principales debilidades.

Nacionalismo es egoísmo

El nacionalismo es solo una forma sofisticada de tribalismo ampliado. Es uno de tantos productos perversos que nos ha legado el Romanticismo. Una corriente que despreciaba a la razón y a la que podemos culpar en gran parte de la violencia vivida en dos guerras mundiales que desangraron a Europa.

A pesar de que sus seguidores nos quieren convencer de que todo el mundo es nacionalista la realidad muestra que esta ideología antes del siglo XIX ni siquiera existía. Es hija del Estado moderno.

De las muchas perversiones nacionalistas una de las peores es que limita la solidaridad entre las personas. Solo se puede ser solidario con los miembros de mi tribu, es decir, con mi nación. Todos los demás que se busquen la vida. El nacionalismo asume el egoísmo como algo normal dentro de su discurso.

La verdadera justicia social no debe entender de fronteras ni de Estados, sino que tiene que abarcar a toda la humanidad. Si no es así entonces estamos ante una forma de hipocresía.

Ese egoísmo nacionalista es miope. No sirve para afrontar los desafíos actuales. Hay que derribar las fronteras que existen y buscar una mayor integración y colaboración entre los pueblos. El camino no está en edificar nuevos muros, sino en tirar los que existen.

Pero esas barreras se encuentran en nuestra mente, acostumbrada a pensar desde parámetros nacionalistas fomentados por la educación y los medios.

Todo está conectado con todo. Lo que pasa a miles de kilómetros, por ejemplo, en Bruselas o en Pekín, nos afecta y cada vez lo hará más.

En esa nueva sociedad mundial globalizada el nacionalismo es solo un obstáculo, un fósil ideológico más que hay que superar para construir un mundo mejor.

La humanidad es una

Desde pequeños se nos condiciona para pertenecer a una raza, etnia, religión o nación. El Estado se dedica a difundir esa ideología de la división. Fomenta las barreras mentales que acaban creando fronteras, luchas, guerras, dolor y sufrimiento sin fin.

Nuestros padres y los medios de adoctrinamiento colectivo nos hacen olvidar algo evidente: la humanidad es una.

Es difícil luchar contra ese condicionamiento heredado desde hace miles de años, convertido en un dogma invisible que casi todos aceptan como inevitable. Desde la noche de los tiempos hemos estado divididos en tribus y grupos políticos e ideológicos de todo tipo que se enfrentan entre sí en una batalla en la que todos perdemos.

La humanidad es débil porque está desunida, fragmentada. Esa división es la causa principal de la violencia que asoma el mundo. El día que la superemos lograremos construir un futuro mejor para todos.

La diversidad es una fuente de riqueza. No todos debemos ser iguales, hablar o pensar lo mismo. La uniformidad perfecta solo existe en los cementerios. La vida es plural y diversa. Cada ser humano es único e irrepetible. Sin embargo, el error que cometemos es sacralizar las diferencias y olvidar lo común.

Para que exista una fraternidad auténtica entre todos es necesario que reemplacemos la cultura de la división por una concepción holística del ser humano que nos haga ver que todos somos esencialmente lo mismo.

No tenemos que crear más fronteras. Lo que hay que hacer es derribar los muros que separan a las personas. Soy cosmopolita, es decir, mi patria es la humanidad. No un pequeño trozo de tierra, sino todo el mundo.

Desde la noche de los tiempos hemos estado divididos en tribus, etnias, razas o clases sociales. Ha llegado el momento de superar esas ideologías de la división y avanzar en la unidad en la diversidad.

No es fácil lograr esa meta. Se nos programa desde pequeños para pertenecer a un pequeño grupo, a un país o a una religión determinada. Pocos somos los que pensamos así. Pero eso es irrelevante. Lo importante es hacer lo correcto, es luchar por lo que creemos verdadero.

Las banderas nacionalistas son un símbolo de la división. El cambiar una por otra no supone ningún avance. Sustituir una religión por otra, un partido por otro o una ideología por otra no es avanzar: es persistir en el error.

Lo que debemos hacer es darnos cuenta de que la división, el separatismo, no es bueno, sino un mal a combatir. Cambiar algo equivocado por otro error no nos hace avanzar, es seguir en el mismo lugar de partida.

Somos unos primates territoriales, violentos y tribales. Estamos acostumbrados a que los más fuertes y despiadados sean los que gobiernan a la mayoría. Hemos tardado miles de años en desarrollar sistemas políticos donde el poder se renueve sin violencia, sin guerras y muerte.

La democracia, con todos sus defectos conocidos (partitocracia, plutocracia y un largo etcétera), es un avance que todavía no ha llegado a gran parte de la humanidad, sometida a gobiernos dictatoriales que emplean la fuerza bruta para aplastar a los disidentes.

Queda un paso fundamental que dar. Puede que tardemos otros cientos o miles de años en darlo. Algún día las divisiones territoriales que tanto dolor causan desaparecerán. Entonces las banderas de la división dejarán de tener sentido, serán un triste recuerdo del pasado.

Nos queda mucho por avanzar como especie para llegar allí. Sin embargo, ese es el camino que hay que recorrer para conseguir una paz verdadera, una prosperidad sin precedentes en nuestra historia.

CONTRA EL
NACIONALISMO
CATALÁN

La falsedad del hecho diferencial nacionalista

Una idea defendida por muchos seguidores del nacionalismo en España es que existen unas autonomías auténticas (Cataluña, el País Vasco y Galicia), en realidad naciones, frente a unas autonomías artificiales creadas durante la Transición, pero que no responden a una realidad nacional verdadera.

En este sentido se expresa Montserrat Guibernau cuando afirma que los impulsores de la Constitución «decidieron establecer un modelo que preveía la creación de diecisiete comunidades autónomas, unas cuantas de ellas distintas histórica y culturalmente —Cataluña, el País Vasco y Galicia—, y otras creadas de manera artificial en las cuales no había existido nunca ningún sentimiento de identidad diferenciada, como son, entre otras, las comunidades de La Rioja y la de

Madrid» (*Nacionalisme. Debats i dilemes per a un nou mil·lenni* [2000], pág. 151).

Considero esta opinión equivocada. La actual división en comunidades autónomas no fue fruto de un invento o una ocurrencia de última hora de los redactores de la Constitución española, sino que responde a realidades históricas que se remontan a los antiguos reinos hispánicos y a la división territorial de España promulgada durante la Regencia de María Cristina de Borbón en 1833.

Muchas de esas comunidades consideradas artificiales existen gracias a reivindicaciones de carácter regionalista con gran implantación social en comunidades donde el nacionalismo es débil (como en el caso de Andalucía, que accedió a la autonomía a través de la vía rápida que prevé el artículo 151 de la Constitución).

¿Qué diferencias hay entre Extremadura y el País Vasco? Se podría alegar que la existencia de una lengua propia distinta del castellano. Pero esto igualmente sucede en la Comunidad Valenciana o en Baleares, donde los que afirman que estas autonomías son una nación son una minoría.

Además, los extremeños también tienen una lengua propia (expresión usada por los nacionalistas y que carece de sentido), que es el español.

Otros podrían intentar fundamentar este presunto hecho diferencial en la historia, algo que me parece absurdo, ya que todas las comunidades autónomas tienen su propia historia y existen como entidades políticas desde hace cientos de años. Navarra puede ser un buen ejemplo de ello.

¿Cuál es, pues, la diferencia que existe entre Cataluña, el País Vasco y las demás autonomías? La respuesta, a mi juicio, es clara: el nacionalismo. La presencia más fuerte de esta ideología. Todas las presuntas pruebas de su hecho diferencial son creadas por los seguidores de la doctrina nacionalista para justificar su propio discurso.

El inexistente derecho a la autodeterminación

Muchos nacionalistas suelen reclamar en España el ejercicio al derecho de autodeterminación. Consideran que ese es un derecho democrático reconocido por la ONU y que, por lo tanto, si una parte de España desea independizarse del resto tiene que poder hacerlo.

En estos términos se expresa Gurutz Jáuregui Bereciartu cuando dice esto: «Una nación que en su momento resultó integrada en un determinado Estado nacional, decide en un determinado momento concreto replantear su situación vigente en el marco de ese Estado nacional. Es aquí donde debe incidir el derecho de autodeterminación como derecho democrático, en cuanto que constituye expresión soberana —siempre que efectivamente se produzca tal expresión soberana— de un pueblo o nación» (*Contra el Estado-nación.*

En torno al hecho y la cuestión nacional, Siglo XXI, 1986, p. 217).

Estas afirmaciones esconden varias falsedades. La primera de ellas es confundir el "derecho a la autodeterminación" con el "derecho a la secesión unilateral", que es lo que defienden estos nacionalistas.

Es, además, falso decir que la ONU defiende este derecho entendido de la forma como ellos lo entienden.

La aceptación del derecho a la secesión unilateral conduciría al mundo al caos y podría generar multitud de conflictos armados.

Allen Buchanan nos alerta de estos peligros cuando afirma lo siguiente: «Un Estado que codicie parte del territorio de su vecino puede apoyar, estimular o incluso simular movimientos secesionistas entre sus connacionales del otro lado de la frontera, que "languidecen bajo una férula extranjera". En estos casos, una injusta anexión puede enmascararse tras las aparentemente legítimas banderas de la autodeterminación y los derechos de las minorías. Para encontrar ejemplos, no es preciso retrotraerse hasta la anexión de los Sudetes por parte de Hitler; los movimientos de secesionismo irredento en Kosovo, Crimena y Transilvania plantean riesgos similares» (*La moral del nacionalismo*, II, Gedisa, 2003, p. 158).

Un ejercicio del derecho a la autodeterminación como el que proponen muchos nacionalistas solo podría ser aceptado en situaciones excepcionales: «El derecho a la secesión se considera como un remedio al que ha de acudirse como último recurso para reparar graves injusticias, no como un derecho general de los grupos y tampoco como un derecho de ciertos tipos de grupos (las "naciones", los "pueblos", etcétera, en tanto que tales). Entre todos los agravios que considero capaces de proporcionar los fundamentos primordiales de la justificación de la secesión, los principales son estos: a) la existencia de persistentes y graves violaciones de los derechos humanos individuales, y b) una injusta apropiación de territorios no reparada». (Allen Buchanan, *op. cit.*, p. 170). Ninguna de estas dos situaciones se da en España.

El derecho a la secesión solo está justificado en circunstancias extremas, tal como señala Buchanan: «Si un Estado persiste en cometer graves violaciones de los derechos humanos de una minoría en el interior de sus fronteras, es permisible que ese grupo trate de establecer su propio Estado como forma de obtener un santuario con el que protegerse contra la persecución, en caso de que no se disponga de ningún otro recurso. O bien, si, como sucedió en el caso de las repúblicas bálticas, un Estado soberano se ha visto injustamente anexionado, la secesión puede considerarse como una legítima rectificación de esa injusticia».

Ya que no nos encontramos en España en ninguna de las situaciones de excepcionalidad que este autor señala acertadamente considero que no es legítimo que se ejerza ese derecho a la secesión unilateral.

Si hay gente en algunas autonomías que desea la independencia de su territorio lo que deben hacer es convencer a la mayoría de los españoles de la necesidad de modificar la Constitución.

La independencia de una parte de nuestro territorio es algo que nos afecta a todos y, por lo tanto, todos los ciudadanos de España deben poder decidir democráticamente lo que quieren que sea su país en el futuro.

Resolución 2625 de 24 de octubre de 1970 de la ONU

Fragmento de la resolución:

"Ninguna de las disposiciones de los párrafos precedentes se entenderá en el sentido de que autoriza o fomenta cualquier acción encaminada a quebrantar o menospreciar, total o parcialmente, la integridad territorial de Estados soberanos e independientes que se conduzcan de conformidad con el principio de la igualdad de derechos y de la libre determinación de los pueblos antes descritos y estén, por tanto, dotados de un gobierno que represente a la totalidad del pueblo perteneciente al territorio, sin distinción por motivo de raza, credo o color".

El derecho a la autodeterminación (llamada aquí "libre determinación") debe entenderse como el derecho al autogobierno democrático sin discriminaciones, no como el derecho de una parte de un Estado soberano a la secesión unilateral de ese Estado, algo contrario a las resoluciones de la ONU.

Nación y lengua en Cataluña

El nacionalismo catalán es, básicamente, un nacionalismo lingüístico. Esto es aceptado por casi todos los estudiosos de este tema.

Uno de ellos, Julen Zabalo, afirma lo siguiente: «La lengua es tenida por uno de los principales aglutinantes del nacionalismo catalán desde sus comienzos, aunque no haya sido la única formulación posible, como veremos. Está en Prat de la Riba, quien, influenciado por el romanticismo alemán, basa su nacionalismo en la lengua, e iguala lengua y nación, pero no, por ejemplo, en una de las figuras señeras del primer nacionalismo, Almirall, que no la consideraba como el factor principal de la nación. Sin embargo, la postura dominante, y con el tiempo cada vez menos puesta en duda, es que Cataluña forma una nación porque tiene una lengua propia. Esta asunción de la lengua como distintivo cultural propio excede al nacionalismo y es ampliamente asumida por gran parte de la población catalana» («¿Es realmente cívico el nacionalismo catalán y étnico el vasco?»).

Esta importancia que el nacionalismo catalán le da a la lengua no es exclusiva de este nacionalismo, sino que suele ser algo habitual en muchos de ellos.

Lo que busca esta ideología es una homogeneidad interna que permita crear una identidad única que, sobre todo, les diferencie de otros.

Al ser el catalán el rasgo fundamental de la identidad nacional catalana cualquier cosa que tenga que ver con ella adquiere tonos dramáticos: es el ser o no ser.

Por eso algunos sueñan con una Cataluña donde únicamente se hable catalán y se consiga esa homogeneidad que les permita asegurar su identidad nacionalista catalana: «La oficialidad exclusiva del español en las instituciones generales del Estado y la oficialidad compartida en Cataluña crean un marco jurídico desigual y desfavorable a la normalización social del catalán. En la práctica, estas leyes hacen que la única lengua obligatoria en Cataluña sea la española, y que el catalán no sea necesario para vivir en Cataluña. Sería deseable que se avanzara en un cambio legislativo que, en cualquier hipótesis de futuro de la articulación de Cataluña con España, estableciera la lengua catalana como única lengua oficial en Cataluña, sin perjuicio del reconocimiento recíproco de derechos lingüísticos individuales» (*Per un nou estatut social de la llengua catalana*, 1997).

Los nacionalistas crean una nación que no representa la realidad de manera objetiva. Todos los estudios demuestran que tanto el castellano como el catalán son hablados en un número muy parecido. Si el porcentaje de hablantes es similar es absurdo pretender que una de esas dos lenguas es la auténtica, la propia de Cataluña.

Sin embargo, los nacionalistas catalanes privilegian a una por encima de la otra. Lo que lleva incluso a algunos de ellos a sentir odio o desprecio por un idioma que creen que puede mancillar la pureza de su identidad nacional.

Curiosamente dentro de la órbita independentista uno de sus portavoces destacados, Eduard Voltas, ha visto con acierto que su proyecto no puede triunfar si no se acepta el castellano como algo propio de Cataluña.

Pero esta opinión es minoritaria dentro del nacionalismo-independentismo catalán, ya que la mayoría de sus seguidores siguen soñando con el mito nacionalista de una homogeneidad imposible de conseguir y que es un obstáculo insalvable para sus planes.

Independencia de Cataluña

Si Cataluña quiere ser independiente puede seguir dos caminos: el de la secesión pactada (Checoslovaquia) o el de la independencia unilateral (Kosovo).

El primero de ellos es, sin duda, el más deseable. Una separación de mutuo acuerdo permitiría a Cataluña seguir disfrutando de las mismas relaciones económicas con el resto de España, entrar en la UE y seguir en el euro.

Incluso el Barça podría continuar en la liga española de fútbol (algo que preocupa a mucha gente) y no se vería obligado a jugar la liga catalana contra el Puigcerdà u otros equipos de segunda fila.

Pero para lograr este escenario habría que modificar la actual Constitución. Y para hacerlo se precisa un referéndum en toda España (además de un acuerdo previo en Cataluña). Es decir, de un pacto entre el PP y el PSOE.

Esto es imposible. Ninguno de esos dos partidos iba a asumir algo así y no creo que en una consulta estatal se aceptara la independencia catalana.

El problema fundamental está en determinar quién tiene derecho a votar en un posible referéndum separatista. Los nacionalistas catalanes afirman que solo los ciudadanos de Cataluña tienen derecho a decidir sobre su destino.

No estoy de acuerdo. La independencia de una parte de un Estado afecta a todos los miembros de ese Estado, independientemente de si viven o no en el lugar que quiere separarse.

Esto es así en todos los casos, excepto en situaciones de genocidio o de invasión militar. Dos circunstancias que ahora no se dan, aunque algunos extremistas manejen estos conceptos de manera irresponsable.

Los independentistas saben que el modelo Checoslovaquia es inviable y por eso se ven obligados a optar por el plan B, el modelo Kosovo, es decir, la independencia unilateral. Lo que implica romper el marco legal vigente y asomarse a un abismo sin fondo, tal como vimos en el falso referéndum del 1 de octubre de 2017.

Para conseguirlo se necesitaría una consulta previa, pero el Estado nunca la autorizaría, por lo que no se daría esa condición necesaria.

Si de todas formas se produjera una declaración de independencia, ¿qué consecuencias tendría? En primer lugar, los responsables se expondrían a la legalidad española y deberían responder ante la justicia, ya que estaríamos ante un acto ilegal. El Estado podría suspender o intervenir la autonomía, algo que ya hizo el año 2017, o tomar medidas incluso más contundentes.

Casi toda la comunidad internacional apoyaría a España, ya que la legalidad estaría de su parte. Cataluña sale de la UE y no podría volver a entrar porque los nuevos miembros necesitan el apoyo de todos los países que ya están dentro. Tendrían que salir del euro y crear una nueva moneda.

Si algún día pudiera entrar en la UE, ese nuevo Estado catalán tendría que pagar y no recibiría ninguna ayuda, ya que le tocaría ser contribuyente a los fondos comunitarios.

Si se queda fuera, entonces debería asumir el coste de los aranceles si desea vender sus productos al resto de países miembros de la UE. Esto encarecería los costes de producción y mermaría la competitividad de las empresas catalanas.

En una independencia unilateral el Barça sería expulsado de la liga española y todas sus estrellas se marcharían. Muchas grandes empresas abandonarían Cataluña, algo que ya pasó en 2017.

Los dos posibles caminos hacia la independencia catalana conducen a ninguna parte.

Independentismo imposible

Los independentistas catalanes se pasan el día diciendo que la solución a todos los problemas de Cataluña es una hipotética separación de España y la creación de un nuevo Estado.

Así acabaría el llamado expolio fiscal y la Generalidad tendría más recursos financieros. De esa forma, afirman ellos, se mejoraría el nivel de vida de los catalanes.

Esto se conseguiría empobreciendo a otras regiones de España. Pero eso es algo que no les importa, ya que se trata de "los otros". Al nacionalismo solo le interesan "los suyos". Por eso es una ideología egoísta e insolidaria. Una forma de tribalismo ampliado.

Ese ideal sirve al nacionalismo-separatismo catalán para no asumir la plena responsabilidad de sus actos. Los nacionalistas viven en la confrontación, en la violencia que genera la división. Les encanta, pues, tener un enemigo, alguien a quien echar la culpa de sus males.

Si España es la culpable de casi todos los problemas de Cataluña eso significa que los políticos catalanes no son los responsables de sus propios males. El culpable es otro (siempre el otro). Es muy cómodo vivir sin aceptar la plena responsabilidad de tus actos, diciendo que la culpa la tienen los demás.

En la actual situación la independencia de Cataluña es imposible por muchas razones. Para que se consiguiera sería necesario modificar la Constitución española. Para lograrlo habría que conseguir primero un acuerdo mayoritario en Cataluña que fuera aceptado después en un referéndum autorizado por Madrid, algo que es hoy una utopía.

Después se necesitaría un acuerdo entre el PP y el PSOE que debería ser también ratificado en un referéndum en todo el Estado. Nada de esto va a suceder. Si se lograra un acuerdo en el Parlamento autonómico de Cataluña el Gobierno jamás aceptaría la independencia catalana.

Una de las razones por las cuales es casi imposible que el independentismo se convierta en la fuerza mayoritaria en Cataluña es porque no cuenta con el apoyo de gran parte de la población castellanohablante. Los nacionalistas cometen un error básico. No aceptan la realidad, sino que crean un ideal y después trabajan para lograrlo.

Esa Cataluña independiente tendría como única lengua oficial el catalán. Sería algo insólito en el mundo que un Estado no reconozca la lengua materna de la mitad de sus ciudadanos. Pero a los nacionalistas nunca les ha importado demasiado el sentido común o lo razonable.

Ellos sueñan con una Cataluña pura donde todo el mundo tenga la misma identidad, hable la misma lengua y odie a los malditos españoles que nos roban lo nuestro. No parece probable que un castellanohablante abrace un proyecto independentista que no reconoce ni acepta su lengua.

El independentismo, si fuera más inteligente, debería defender un proyecto de Cataluña independiente donde la lengua castellana tuviera un reconocimiento similar al catalán. Algunos separatistas, como Eduard Voltas, lo han propuesto.

Sin embargo, esa es una idea sin futuro por culpa de las profundas debilidades teóricas del nacionalismo. Esta ideología identifica una nación con una única lengua e identidad, negando a los demás miembros de esa supuesta nación la legitimidad nacional, que ellos consideran de su propiedad exclusiva.

No creo que la solución pase por la creación de un nuevo Estado, por fomentar la división entre las personas. En el actual contexto de globalización, donde se camina hacia la unidad política y económica, algo así es absurdo.

Debemos avanzar en el sentido opuesto. Intentar superar la división en Estados, lenguas, religiones y razas para darnos cuenta de la unidad profunda que late por debajo de todas esas creaciones perversas de nuestra inteligencia. Unidad no es necesariamente homogeneidad, sino que debemos buscar una unión que respete la diferencia.

Nacionalismo catalán

El nacionalismo es una de las peores ideologías políticas que ha creado la humanidad. Ha sido y es una fuente inagotable de conflictos, muerte y sufrimiento. Sus seguidores adoran a un nación que solo existe en sus mentes. Crean una nación que es una burda simplificación de una realidad mucho más rica.

Muchos ejemplos cercanos podemos ver de esto. En Cataluña los nacionalistas catalanes conciben a su mítica Cataluña identificada exclusivamente con la lengua catalana, otorgándole el sagrado carácter de lengua propia de ese ente abstracto al que adoran.

Pero la realidad es muy diferente. Poco tiene que ver con la interpretación sesgada que hacen los seguidores de esta doctrina política. Todas las encuestas muestran que la mitad de los ciudadanos catalanes tienen como lengua principal el castellano, por lo que resulta absurdo reconocerles una oficialidad jurídica, pero excluirlos del modelo identitario que defienden los nacionalistas catalanes.

Ellos se creen con el derecho a definir lo que es la catalanidad y lo que no, como si tuvieran un acceso mágico y exclusivo a la nación.

El nacionalismo es la ideología dominante en Cataluña. Quizás no en gran parte de su población, pero sí entre la clase dirigente política, económica e intelectual.

Esta doctrina, en vez de ayudar a conservar algo tan importante como la lengua catalana, y que es un patrimonio de todos, no solo de los nacionalistas, crea un problema donde no debería haberlo.

En la raíz de casi todos los conflictos que hay en España alrededor de la convivencia lingüística está el nacionalismo, porque convierte la diferencia en un problema.

Podemos seguir dos caminos diferentes. Por un lado, tenemos a Suiza, una sociedad plural donde se hablan varias lenguas. Es un paradigma de convivencia porque sus ciudadanos han sabido superar las tentaciones del nacionalismo y de la estigmatización de la diferencia.

Otro modelo es el de la extinta Yugoslavia. Es un ejemplo paradigmático de hacia dónde nos conduce el nacionalismo en su versión más salvaje. En ese país se dedicaron durante años a matarse para construir unos estados homogéneos desde un punto de vista cultural y religioso.

Llegaron a la terrible conclusión de que había que purificar sus naciones exterminando a los que no encajaban con su modelo identitario.

Afortunadamente estamos lejos de la antigua Yugoslavia. Pero todavía nos queda mucho que recorrer para poder ser como Suiza. Todos los que en Cataluña no comparten el discurso oficial nacionalista tienen que sufrir en muchas ocasiones el silencio mediático o la estigmatización social.

Los nacionalistas tienen todo el derecho a serlo, pero los que nos oponemos al nacionalismo debemos ser respetados y aceptados como una parte más de la sociedad.

Una de las consecuencias más terribles del nacionalismo es que crea una sociedad dividida en ciudadanos de primera y de segunda. Los privilegiados son los que se adaptan al molde cultural e identitario defendido por los nacionalistas. Esos son los auténticos catalanes.

En el otro lado tenemos a los que no comparten las ideas nacionalistas o no encajan con el modelo de lo que supuestamente debe ser un catalán. Esos son ciudadanos de segunda que deben abrazar la ideología nacionalista con el mismo fervor que un converso religioso. Solo así se les aceptará en ese exclusivo club.

No caigamos en un nacionalismo que divide y enfrenta a una parte de la sociedad contra la otra.

El inventado expolio fiscal catalán

El expolio fiscal es una de las ideas más recurrentes del nacionalismo catalán. Ya que las reivindicaciones independentistas no pueden fundamentarse solo en la identidad y en la lengua, ha sido necesario buscar algún argumento que pueda sumar más adeptos a este proyecto político.

De esta forma se pretende reafirmar a los ya convencidos de antemano y conseguir más seguidores para su causa. Ahora la independencia se justifica porque a los catalanes les roban los españoles y vivirían mejor sin tener que contribuir a mejorar otras zonas más pobres del Estado.

No estoy de acuerdo con este planteamiento por muchas razones. La primera de ellas es que esa idea del expolio fiscal parte de un error de base. Cataluña no paga impuestos, los pagan los ciudadanos que viven allí en función de su renta.

Es lo mismo que pasa en la ciudad de Barcelona. ¿Tendría sentido afirmar que los ciudadanos de Pedralbes sufren un expolio fiscal por parte del ayuntamiento porque pagan más IBI que los que viven en El Raval? Esta pregunta la podríamos hacer también tomando como referencia las provincias o a las comarcas catalanas.

La pregunta que hago es la siguiente: ¿por qué hay que fijarse en Cataluña y no en otras administraciones? La respuesta nos lleva a la clave del asunto: el nacionalismo. La nación no es ni Barcelona, ni la comarca del Vallés Occidental. La nación de referencia de los nacionalistas catalanes es Cataluña. Por eso ella es la supuesta víctima de este expolio.

El verdadero expolio no es el que esgrimen los nacionalistas para enfrentar y dividir. El auténtico fraude es el que cometen muchos políticos que se dedican a malgastar el dinero de todos en cosas absurdas: aeropuertos sin pasajeros, líneas de AVE que van casi vacías, grandes eventos fracasados o informes carísimos hechos por amigos y que nadie lee.

Por desgracia ese problema afecta a todas las sociedades del mundo en mayor o menor medida.

Los políticos catalanes están muy cómodos fomentando el enfrentamiento. Gracias al expolio que presuntamente provocan los demás pueden ocultar su propia incompetencia.

La religión nacionalista

Existe una profunda conexión entre el nacionalismo y la religión. Esto se puede ver en Cataluña con los habituales pronunciamientos que la jerarquía de la Iglesia catalana hace a favor del nacionalismo y del independentismo.

Esto, a mi juicio, contradice la esencia misma del cristianismo, ya que se supone que el mensaje de Jesús es para toda la humanidad. No creo que la fraternidad universal se pueda conseguir edificando nuevos muros que separen todavía más a la gente.

La nación y el Dios de los teístas se parecen mucho. Ambas son ideas que trascienden a los seres humanos y que supuestamente dotan de sentido a su vida.

Para los nacionalistas, su ideología política les sirve también para enfrentarse a la muerte. Mientras Cataluña exista, sus adoradores vivirán para siempre. El problema es que la nación de los nacionalistas se parece poco a la realidad, ya que se fija solo en unos rasgos (catalán) e ignora otros (castellano). Por eso es una idea falsa y profundamente irracional.

Cada vez que se celebra un acto de homenaje a una bandera o a algún símbolo nacional siempre tengo la sensación de estar asistiendo a una ceremonia religiosa. Los creyentes nacionalistas se reúnen alrededor de sus símbolos, de la bandera o del himno, para venerar a una idea que ellos mismos han creado, pero que ha llegado a ser más importante que sus propios creadores.

Cuando alcanzamos ese grado de idolatría muchos piensan que la vida de la gente vale poco al lado de su nación. Entonces, algunos líderes políticos y sus seguidores pueden llegar a la conclusión perversa de que vale la pena matar y morir en nombre de una comunidad nacional imaginada.

Eso es lo que han pensado los miembros de ETA, que han puesto una idea falsa por encima de la vida y de la libertad de la gente. El fanatismo religioso y nacionalista son manifestaciones idénticas del mismo error.

Hay otra similitud clara entre las religiones y el nacionalismo. Ambos son fenómenos de carácter emocional. No apelan a la razón, sino a nuestros instintos más primarios.

El nacionalismo, que es una forma de egoísmo colectivo, busca perpetuar la perversa división en grupos enfrentados y es un obstáculo para lograr sociedades más abiertas y solidarias.

Para muchos nacionalistas catalanes la separación de España se ha convertido en la utopía final que solucionará mágicamente todos sus problemas. Es el paraíso al que no están dispuestos a renunciar pase lo que pase. Y sus líderes quieren convertirse en los nuevos mesías que traigan la buena nueva de la independencia.

Democracia y secesión

He oído en numerosas ocasiones a algunos nacionalistas catalanes hablar de la relación entre Cataluña y España comparándola a un matrimonio.

Según ellos, la nación catalana es como una pobre señora maltratada por un cruel marido llamado Estado español. Esa mujer debería poder divorciarse de ese esposo tan malo si así lo decide (aunque él no quiere separarse) y poder ser libre para seguir su vida en solitario, es decir, teniendo un Estado propio. Las dos partes deben querer estar juntas para que esa unión sea posible.

Al final lo que pretenden los que dicen este tipo de metáforas es legitimar la secesión unilateral catalana.

Esta comparación es equivocada por varias razones. Presupone que son dos entidades políticas totalmente separadas que, en un momento dado, han decidido unir sus destinos.

Eso no es así. Esta unión es mucho más fuerte y profunda. España y Cataluña no son un matrimonio, sino dos hermanos siameses pegados por una parte de su cuerpo que comparten órganos vitales. ¿Sería justo que uno de los hermanos se separara del otro sin que los dos estuvieran de acuerdo? Es evidente que algo así parece injusto. Nadie puede ser obligado a someterse a una operación de riesgo como esta si no quiere.

De la misma forma, es falso afirmar que la independencia de Cataluña compete exclusivamente a las personas que viven en esa comunidad.

La España resultante después de una secesión así sería muy distinta de la actual. Su peso político y económico se vería mermado y eso afectaría a todos. Esto implica al conjunto del Estado y es, por lo tanto, la totalidad la que debe pronunciarse sobre si está a favor de la separación o no de una de sus partes.

Además, con el actual marco constitucional una modificación de este calado necesita un referéndum y un consenso parlamentario estatal muy amplio que hoy no se da ni creo que se dé en el futuro.

Por desgracia para ellos, los independentistas catalanes saben que es imposible que prospere su proyecto, al menos a corto o medio plazo. Por eso prefieren saltarse las leyes e invocar supuestos derechos que legitimen sus tesis.

Es muy cuestionable que la democracia sea posible sin el imperio de la ley, pero también me parece inaceptable en términos democráticos negarles su derecho a decidir al resto de los españoles en un asunto que les afecta.

Pero para algunos la democracia solo sirve cuando les da la razón.

Cataluña no es una colonia

Uno de los muchos disparates que suelen decir los nacionalistas catalanes para justificar sus ideas, en este caso la secesión unilateral, es afirmar que Cataluña es una colonia.

De esta forma estaría legitimada para independizarse saltándose la ley y apelando al derecho a la autodeterminación de los pueblos que, según su equivocada interpretación, defiende la ONU.

Una colonia es un territorio que es gobernado totalmente por una potencia invasora. El que la administra lo hace en nombre del invasor y sin tener en cuenta lo que piensan los conquistados. La base sobre la que se sustenta ese gobierno es la fuerza bruta, la superioridad militar del invasor, que explota los recursos humanos y naturales de la colonia.

Es cierto que muchos territorios conquistados se han visto beneficiados en algunos casos (construcción de infraestructuras, colegios, universidades, etc.), pero también es verdad que los conquistadores lo que buscan es apropiarse de las riquezas del conquistado.

Es evidente para cualquiera cuya visión del mundo no esté totalmente deformada por la ideología nacionalista que ese escenario no se da en el caso catalán.

La unión de los reinos hispánicos que dio lugar a la España que conocemos nada tiene que ver con las conquistas de la época colonial. Cataluña disfruta de un alto nivel de autogobierno y gestiona gran parte de sus recursos.

España es hoy un Estado democrático donde pueden expresarse todas las tendencias políticas y se parece muy poco al imperio que soñó con construir un reino donde nunca se ponía el sol.

Si algunos pretenden justificar ese supuesto colonialismo que casi nadie ve en el supuesto déficit fiscal de esta autonomía con el Estado lo tienen difícil. También serían colonias Madrid, la Comunidad Valenciana o Baleares, ya que esas regiones contribuyen más a la solidaridad entre territorios que lo que reciben. Y lo hacen, además, sin poner el grito en el cielo.

El nacionalismo utiliza habitualmente la estrategia del victimismo. Los seguidores de esta doctrina siempre buscan agravios o los construyen. Esa es una forma de legitimar unas ideas que tienen escasa solidez. Los nacionalistas se pasan el día alimentando el discurso de la confrontación contra el enemigo exterior e interior. Y en esa lucha siempre ocupan el papel de víctimas.

Toda esta denuncia de un colonialismo imaginario es solo una prueba más de la perversidad del nacionalismo, de cómo esta ideología construye relatos que no se corresponden con la realidad.

EL NACIONALISMO ES UNA ENFERMEDAD SOCIAL

La primera pregunta que podemos plantearnos es: ¿qué es el nacionalismo? Podemos definirlo así: doctrina política que se fundamenta en una determinada interpretación del concepto de nación. Ésta es entendida como una combinación de elementos subjetivos (voluntad, identidad, etc.) y elementos objetivos (lengua, religión, etc.). Los distintos nacionalismos ponen el acento en uno o en varios de estos rasgos. Por ejemplo, el nacionalismo catalán es básicamente lingüístico. Los nacionalistas sostienen que la humanidad está dividida de manera natural en naciones, y que éstas son el verdadero sujeto político, por encima del Estado. Suelen considerar, además, que a cada nación entendida a su manera le debe corresponder un Estado. Piensan también que la mayoría (o todos) somos nacionalistas en mayor o menor grado.

Debemos tener clara la naturaleza política de esta doctrina. Hablar de un nacionalismo "cultural" es un error. El nacionalismo y la política siempre van unidos. Si existe un grupo humano que tenga unas características propias, distintas a las de la mayoría de sus vecinos, pero no tiene aspiraciones políticas de ningún tipo, entonces no se puede hablar de nacionalismo.

Por lo tanto, lo que defiende es una determinada manera de entender la convivencia colectiva de los seres humanos. Es lo que llamaría una ideología de la diferencia. ¿Qué significa esto? Me refiero al hecho de que lo que importa para los nacionalistas, y para muchos otros que tienen ideas similares a las suyas, no es lo que nos une, sino que su discurso se construye en base a la diferencia.

Otro aspecto importante que quiero destacar es que existe una diferencia radical entre el Estado y la nación de los nacionalistas. En muchas ocasiones el Estado coincide con la nación. Sin embargo, los defensores de esta ideología hablan de naciones sin Estado cuando existe un grupo que tiene reivindicaciones de este tipo y no ha llegado a tener un Estado que lo respalde, sino que vive dentro de otro Estado.

Para los partidarios de esta ideología la lengua tiene casi unas connotaciones mágicas, es el núcleo de su identidad nacional. Por eso no cabe la menor duda de que el nacionalismo ha sido y es una de las razones principales de la mayoría de los conflictos lingüísticos que existen a lo largo del mundo.

Esta ideología política actúa siempre de la misma forma. Identifica una nación con una lengua. Por desgracia suele ser casi siempre una única lengua, aunque en el territorio se hablen de forma mayoritaria dos o más idiomas. Al nacionalismo no le importa demasiado la realidad, sino su interpretación sesgada del mundo.

Después de realizar esta identificación lo que buscan los nacionalistas es que su lengua de referencia se convierta en la única hegemónica en el territorio que consideran que les pertenece. No importa si en esa sociedad se hablan otros idiomas desde hace siglos por parte de un número considerable de su población.

Por desgracia el nacionalismo y el sentido común no se llevan bien. Cuando le negamos a alguien el derecho a hablar un idioma, cuando lo perseguimos y lo marginamos premeditadamente, estamos generando violencia hacia las personas que hablan esta lengua que a algunos les estorba.

El nacionalismo crea un modelo ideal de lo que debe ser un patriota, de lo que debe hablar, de lo que debe ser su cultura, su identidad, su historia, etc. A partir de ese modelo trabaja para conseguir que las personas que viven dentro de lo que consideran su nación se adapten a ese esquema.

Los nacionalistas luchan por eliminar la pluralidad cultural y lingüística de su nación de referencia siempre que no se adapte a su modelo.

Este comportamiento se repite una y otra vez a lo largo del tiempo y en lugares distantes. Se identifica a una nación con una cultura determinada. Ni siquiera con el conjunto de esa cultura, sino con unos rasgos que son considerados definitorios. Normalmente es la lengua, la religión, una determinada visión de la historia, la cultura popular y folklórica o con un determinado grupo étnico.

A continuación, se desarrollan una serie de políticas para lograr que todo el mundo que vive dentro del territorio que se considera parte de la nación adopte esa cultura determinada.

No hace falta ser muy inteligente para darse cuenta de que el conflicto es inevitable. No aceptamos la realidad tal como es, sino que queremos crear una sociedad homogénea desde un punto de vista identitario. Esto implica que hay unos que quieren imponer, por la fuerza o a través de las leyes, su cultura al resto.

El conflicto puede manifestarse de muchas formas y en diferentes intensidades. Si el grupo mayoritario tiene todo el poder de su parte una pequeña minoría poco podrá hacer para oponerse. Sin embargo, si estamos hablando de dos grupos de igual o parecido poder, entonces se puede producir una lucha. Esta confrontación puede ser política y civilizada, pero también es normal que se desarrolle de manera violenta y que, incluso, pueda acabar en una guerra.

El nazismo consideraba que todos los territorios donde se hablaba alemán eran parte de la nación alemana y que, por lo tanto, incluso al margen de lo que pensaran sus habitantes, debían estar unidos dentro del mismo Estado.

El nacionalismo no siempre adquiere estas connotaciones imperialistas tan virulentas. Pero incluso los nacionalistas más civilizados y pacíficos deben reconocer que actúan siguiendo este esquema perverso.

No tiene ningún sentido inventar naciones abstractas al margen de la realidad y considerar que solo la cultura o lengua de los nacionalistas es la auténtica y esencial de su nación.

Al hacerlo discriminan consciente o inconscientemente a los que no se adaptan a su limitado esquema de lo que debe ser un buen patriota.

Muchos otros ejemplos podríamos poner de esto. Los nacionalistas catalanes identifican a la nación catalana con una lengua, el catalán, a la que denominan propia. Según ellos ese idioma es la lengua propia de Cataluña y el castellano es oficial, pero no puede ser considerado "propio" de la sociedad catalana.

Esto no tiene ningún sentido. En Cataluña la mitad de la población habla habitualmente español. Por lo tanto, lo lógico sería afirmar que las lenguas propias de Cataluña son el castellano y el catalán. Sin embargo, esto no es así. Y muchos nacionalistas catalanes sueñan con construir una Cataluña independiente donde únicamente exista una lengua oficial, el catalán.

Un sueño imposible de cumplir ya que la mitad de la población utiliza habitualmente otra lengua distinta. Por desgracia al nacionalismo le da igual la realidad. Quiere construir una nueva sociedad que se adapte a su visión simplista.

Muchas veces he escuchado a nacionalistas de distintos países afirmar que esta ideología política es un gran instrumento para conservar la pluralidad cultural en el mundo. Afirman que una nación, sobre todo las pequeñas, deben tener un fuerte sentimiento nacionalista si quieren continuar existiendo y no ser absorbidas por las grandes. Se equivocan los que afirman esto.

No ha existido en la historia una ideología más destructiva de la pluralidad cultural que el nacionalismo. La creación de los grandes Estados modernos en el siglo XIX y la adopción de estas ideas nacionalistas provocó una enorme reducción de esa pluralidad que algunos dicen defender.

El Estado impuso una lengua estándar al conjunto de la población de su territorio. De la misma forma, se creó toda una cultura común que a través de la escolaridad obligatoria se fue extendiendo al conjunto de los habitantes de ese Estado. Se produjo, por lo tanto, un proceso de estandarización cultural dentro de los Estados impulsado por la ideología nacionalista.

El mundo anterior al surgimiento de estos Estados modernos y del nacionalismo era muchísimo más heterogéneo que el actual. No se puede defender en serio que el nacionalismo ayuda a conservar la diversidad lingüística o cultural cuando en realidad se dedica a hacer todo lo contrario.

Esta contradicción tan enorme entre lo que el nacionalismo en realidad es y lo que sus seguidores afirman que es no debe extrañarnos. Los nacionalistas, en general, tienen una comprensión extraordinariamente pobre de su propia ideología. Creen que es algo que no es y le atribuyen unos méritos de los que carece. Este es otro de sus múltiples defectos.

Vamos a profundizar en la idea de nación que defienden los nacionalistas. Aquí veremos con toda claridad lo absurda que es esta ideología. La nación de los nacionalistas, que puede tener o no un Estado detrás, es una burda simplificación de una realidad mucho más compleja. Es un conjunto de prejuicios, estereotipos e ideas superficiales que no resisten un mínimo análisis. A esto hay que añadirle una interpretación mitológica y, por lo tanto, falsa del pasado.

Uno de sus rasgos habituales es que la unión del grupo nacional se consigue en contra de otro. Todas las naciones nacionalistas tienen un enemigo interno o externo al que hay que combatir.

El nacionalismo no consiste en amar a tu propia nación, sino sobre todo en odiar a la nación vecina, a aquella que consideramos que es nuestra enemiga.

Si esta doctrina se basara en el amor a la propia nación no existirían conflictos nacionalistas. Cada uno se dedicaría a cultivar su identidad nacional de manera pacífica. No obstante, esto no es así. Ya que la esencia de esta doctrina se basa en la confrontación, en la división de la especie humana en compartimentos nacionales enfrentados entre sí.

Un nacionalista que se dedicara a amar a su nación invertiría todo el tiempo que pudiera en estudiar y difundir su lengua, su cultura, iría a animar a sus selecciones deportivas nacionales y haría todas esas cosas que se supone que un buen nacionalista hace.

Por desgracia, los seguidores del nacionalismo no se dedican a un cultivo pacífico de su propia identidad, sino a la confrontación con otras supuestas naciones, o con los considerados enemigos internos. Es decir, contra los que viven en su nación, pero no aceptan sus ideas o tienen una cultura que no consideran como propia.

Organizan ejércitos, hacen guerras, defienden el imperialismo con la excusa de que eso les hace todavía más importantes. Se dedican en muchas ocasiones a insultar o a agredir, incluso a asesinar, a los que no se adaptan a su modelo de nación, a los que consideran un obstáculo para construir una sociedad pura donde todo el mundo hable la misma lengua, tenga la misma religión, pertenezca a la misma etnia, defienda las mismas ideas políticas y grite hasta perder la voz animando a su selección deportiva nacional envuelto en la bandera de su país con los ojos llenos de lágrimas.

Alguien, ingenuamente o por ignorancia, puede pensar que el nacionalismo no es ni bueno ni malo en sí mismo, sino que depende de cómo se exprese. Puede haber un nacionalismo democrático, pacífico y solidario que nada tenga que ver con sus versiones más patológicas.

Afirmo que esta idea es equivocada. El nacionalismo es intrínsecamente perverso. Aunque es cierto que dentro del mal hay grados. El nacionalismo alemán sin duda ha sido peor que el nacionalismo checo, por ejemplo. No obstante, a mí no me interesa compararlos. Lo que quiero es comprender la esencia misma de esta ideología. Y cuando hacemos esto de lo que nos damos cuenta es que es completamente equivocada en todos los casos. El nacionalismo es siempre un error.

La nación de los nacionalistas existe solo como una construcción ideológica. Si analizamos objetivamente este proceso de elaboración del concepto nacionalista de nación debemos percibir con absoluta claridad lo falsa que es esta doctrina política.

El nacionalismo genera conflicto y división en la sociedad donde se instala. Esto es consustancial a su naturaleza misma y por eso debemos rechazar radicalmente y de manera total esta ideología.

Los nacionalistas lucharán con todas sus fuerzas para conseguir esa sociedad homogénea donde todo el mundo abrace su ideología y su cultura. Su sueño es conseguir que los que viven dentro de su nación se adapten a su modelo de lo que debe ser un buen ciudadano. Por eso no dudan en utilizar toda su fuerza y las instituciones públicas para lograr cambiar el mundo y moldearlo a su antojo.

Esto genera violencia contra todos los que se consideran agentes extraños dentro de la nación. Se buscará asimilarlos, arrinconarlos socialmente, se les considerará ciudadanos de segunda clase. Los nacionalistas quieren que estas personas renuncien a ser lo que son y que abracen con fervor religioso el modelo que ellos defienden.

Incluso, cuando esta ideología se manifiesta en sus formas más patológicas, tal como sucedió en la antigua Yugoslavia, se puede plantear la expulsión forzosa, o incluso el exterminio físico, de todos aquellos ciudadanos que no se identifican con ese modelo de nación. Hay muchos ejemplos de esto en la historia.

El ser miembro de una nación me proporciona un aspecto fundamental de mi identidad como ser humano. Me da un lugar en el mundo. Con ello obtengo una ganancia psicológica, una seguridad. Sé distinguir entre los míos y los otros. Tengo mi pequeño grupo, mi gente. Y eso me ayuda a sentirme seguro, a saber quién soy.

Entonces el siguiente paso está claro. Nos juntamos los que formamos parte de la misma nación. Luchamos por tener un Estado si no lo tenemos. Y si poseemos uno buscamos que todas las personas que viven dentro asuman ese modelo identitario.

Esto sucede porque hemos dividido a la humanidad en naciones. Si pensáramos que el otro es como yo, que todos los seres humanos formamos una misma especie plural y diversa, pero unida, todas estas divisiones nacionalistas dejarían de tener sentido.

Profundicemos todavía más en este análisis. Una de las cosas que suelen decir los nacionalistas es que su ideología expresa una división natural entre los seres humanos. Según ellos, todo el mundo, en mayor o menor medida, es nacionalista. Y afirman, además, que esta ideología ha existido desde siempre a lo largo de miles y miles de años.

Piensan que si alguien ataca a un nacionalismo casi siempre se hace desde otro nacionalismo porque es imposible escapar a esa manera de ver el mundo. Quizás acepten que podamos existir personas que no profesamos ningún tipo de nacionalismo. Sin embargo, para ellos solo somos anomalías, extraños casos que no invalidan la idea de que el nacionalismo es algo natural.

La cuestión que podemos formularnos es la siguiente: ¿el nacionalismo existe desde siempre?

Esta pregunta puede parecer sencilla, pero no admite una respuesta tajante.

Lo que diría es que el nacionalismo, tal como lo entendemos hoy en día, es algo reciente en la historia. Casi todos los estudiosos de esta cuestión sitúan su nacimiento en el siglo XIX. Esta ideología sería uno más de los perversos subproductos del Romanticismo. Sin duda esto es cierto. Es en esa época cuando se crean casi todos los movimientos nacionalistas que conocemos.

El nacionalismo nace con el Estado moderno, con la idea de que es necesario crear una sociedad homogénea para asegurar su unidad y su permanencia en el futuro. A esto ha contribuido la estandarización lingüística, la escuela obligatoria, el desarrollo de medios de comunicación masivos, especialmente la televisión, y muchos otros aspectos.

Todo este conjunto de elementos son los que han ayudado a crear una conciencia colectiva que antes no existía. A partir de ese sentimiento de comunidad, unido a la idea de la necesidad de tener un proyecto político común, ha nacido el nacionalismo que conocemos.

Esto que acabo de afirmar contradice la tesis de que nacionalismo existe desde siempre y es algo inevitable. Es una ideología moderna, a pesar de que sus seguidores intentan convencernos de lo contrario.

Consideremos esto desde una perspectiva amplia. En términos evolutivos el hombre actual puede haber surgido hace unos 150.000 años más o menos. Las actuales naciones defendidas por los nacionalistas pueden tener como máximo 2000 años, aunque la mayoría son más recientes. Por lo tanto, esto quiere decir que representan únicamente el 1,3 % de nuestra historia como especie.

Sin embargo, pienso que los nacionalistas tienen parte de razón. El nacionalismo es algo nuevo. No obstante, se fundamenta en una forma de división tribal que ha existido desde los orígenes de la humanidad. Esta ideología es una forma de tribalismo moderno. Ahora lo que define a los miembros de la nación son normalmente rasgos de tipo cultural. Antes, cuando vivíamos en pequeños grupos tribales, la unión se basaba en alianzas familiares. No obstante, a medida que estos grupos han ido creciendo, esa identidad ha variado y evolucionado a lo largo de siglos.

El nacionalismo es la forma moderna que ha adquirido el tribalismo que desde la noche de los tiempos ha dividido y desangrado a la humanidad.

Lo que parece claro es que esta forma de división tribal o nacional lo único que nos ha traído es sufrimiento y muerte. Nos dedicamos a matarnos los unos a los otros para conseguir más poder, para someter a otros pueblos, apoderarnos de sus recursos o destruirlos. Eso es lo que hemos hecho durante miles y miles de años.

La ausencia de una conciencia común que supere todas estas divisiones sin sentido solo nos ha traído desgracias.

Hay personas que pueden pensar que esto es inevitable, que siempre hemos vivido de esta forma, que la humanidad está destinada a sufrir para siempre por culpa de estas divisiones que limitan la solidaridad.

Debemos entender algo evidente que nos negamos a aceptar: toda la humanidad es una. No tiene sentido pensar en términos nacionales. El dolor del que sufre no entiende de fronteras ni de banderas. Es el mismo en todas partes. Porque, a pesar de que nos empeñamos en ver solo las diferencias, es mucho más lo que nos une que lo que nos separa.

Sin embargo, esto no queremos verlo. Preferimos pensar en términos nacionalistas. El pertenecer a un Estado es solo una situación administrativa que puede cambiarse fácilmente. Y ese sentimiento tan fuerte de pertenencia nacional que viven y defienden los nacionalistas es solo un error de nuestra mente.

Algunos afirman que la pertenencia nacional es igual al sentimiento que experimentamos por nuestra propia familia. Según esto es lógico que los padres se preocupen sobre todo de sus hijos. Por eso una nación lo que debe hacer es preocuparse por sí misma, aunque se pueda ser solidario con otras naciones más desfavorecidas.

Los seguidores de la doctrina nacionalista sostienen que, de la misma forma que es sano tener una familia y quererla, es bueno formar parte de una nación y amarla porque ella nos cuida y nos protege.

Esta comparación es falsa. Hay una diferencia básica entre amar a un hijo o a una nación. El hijo existe (o existió, en el caso de que esté muerto). Es un ser de carne y hueso. En cambio, la nación es una idea inventada por los seres humanos, un concepto equivocado que tergiversa la realidad porque solo es un conjunto de estereotipos.

La nación de los nacionalistas es una burda simplificación de una sociedad mucho más rica y compleja. No se puede comparar el amor a un hijo con querer a una idea falsa.

La solución única y definitiva pasa porque todos asumamos algo evidente: nosotros somos la humanidad. Todos formamos parte de la misma familia humana y debemos caminar juntos para construir un futuro mejor para todos. La división y los que la defienden lo único que hacen es condenarnos a un sufrimiento sin fin.

Esto no significa que debamos tener un gobierno único, hablar una misma lengua, tener las mismas costumbres y ser todos iguales. Lo que defiendo es la unidad en la diversidad. Todos somos diferentes, pero, a la vez, es mucho más lo que nos une que lo que nos separa, aunque únicamente nos fijemos en las diferencias.

Cuando decimos "nosotros somos la humanidad" no nos estamos identificando con una idea que hemos creado. Solo reconocemos lo que es y lo asumimos plenamente. Nuestra propia humanidad no es algo con lo que nos identificamos, es lo que somos.

Sin embargo, nos empeñamos una y otra vez en ver solamente lo que nos separa. No somos conscientes de que toda la humanidad forma una única familia, una misma especie unida al resto de especies que conviven con nosotros en este planeta y con todo lo que existe.

Libros recomendados

Muchas son las obras y estudios que podría citar. Pero solo me referiré a aquellos que pueden ser más interesantes para el lector.

Si tuviera que aconsejar a alguien un único libro sobre el nacionalismo le recomendaría *Naciones y nacionalismo* (Alianza, Madrid, 2003) de Ernest Gellner. Me parece una obra de gran profundidad y magníficamente escrita.

He de decir que discrepo de algunas de las ideas básicas que Gellner defiende en este ensayo. No creo que el nacionalismo sea una realidad ineludible fruto de las modernas sociedades industriales. Esa presunta necesidad peca de un excesivo mecanicismo histórico.

Sí coincido con él, en cambio, en interpretar esta doctrina política como una fuerza que busca la homogeneidad interna dentro de su nación.

El segundo trabajo que destacaría es *Comunidades imaginadas* de Benedict Anderson (FCE, México, 1993). Es un libro más extenso que el de Gellner y más pesado de leer. Uno de sus defectos para el lector europeo es que el autor se centra en ejemplos asiáticos que nos quedan demasiado lejanos.

A pesar de esto, su definición de la nación como «una comunidad política imaginada como inherentemente limitada y soberana» (p. 23) se ha convertido en una de las más citadas. Lo que más me ha interesado de esta obra es la función del censo, del mapa y del museo en la creación de una conciencia nacional común. Su lectura es ineludible.

Un libro publicado en dos volúmenes que me ha sido de gran utilidad es *La moral del nacionalismo* (Gedisa, Barcelona, 2003), compilado por Robert Mckim y Jeff McMahan. Es una selección de diferentes trabajos sobre el tema escritos por especialistas en la materia.

Podemos encontrar autores a favor del nacionalismo y en contra. La riqueza de esta obra radica en la pluralidad y en la calidad de los textos.

Los temas que trata son los siguientes: 1) La naturaleza, fuentes y psicología del nacionalismo. 2) El nacionalismo y las exigencias de imparcialidad.

3) Nacionalismo, liberalismo y Estado. 4) La tolerancia entre grupos nacionales. 5) Autodeterminación nacional, soberanía e intervención.

Un defecto que señalaría es que la mayoría de los autores son de EE. UU. La visión del nacionalismo que se tiene en ese país y en España o en Latinoamérica es bastante diferente.

Otro autor que no puedo dejar de citar es Anthony D. Smith. Para empezar en el estudio de esta cuestión su libro *Nacionalismo* (Alianza, Madrid, 2004) es muy aconsejable. Es breve, está bien escrito y explica los conceptos básicos sobre este tema.

Otro texto de este mismo especialista que señalaría es *Nacionalismo y modernidad* (Istmo, Madrid, 2000), una obra donde se analizan diferentes teorías sobre esta ideología. He de decir que tengo profundas divergencias con las ideas de Anthony D. Smith, especialmente en lo que atañe al origen étnico de las naciones, algo que no invalida la importante aportación de este estudioso.

Para finalizar quisiera mencionar dos libros escritos en español. El primero que citaría es *Las fronteras del nacionalismo* (CEPC, Madrid, 2000) de Luis Rodríguez Abascal.

En mi opinión es uno de los mejores ensayos donde se aborda esta temática. He aprendido mucho leyéndolo. Es un trabajo de 550 páginas en el que se analizan los aspectos centrales del nacionalismo. La gran virtud de este texto es que L. Rodríguez Abascal desarrolla un análisis racional de gran profundidad y rigor, demostrando, además, un extenso conocimiento de la bibliografía sobre el tema.

En segundo lugar, señalaría *El nacionalismo. Una ideología* (Tecnos, Madrid, 2005) de Alfredo Cruz Prados. Es un trabajo donde se señalan muchas de las carencias del nacionalismo. En él se hace, también, una acertada crítica al derecho de autodeterminación defendido por los nacionalistas.